Vorhang auf!

Vorhang auf!

Inszenierungen mit Stoffen und Jalousien

Caroline Clifton-Mogg

Fotografien von James Merrell

DUMONT

Umschlagabbildungen von James Merrell.
Umschlagvorderseite: Ein Apartment in London, Entwurf von Stephanie Hoppen, Ausführung von Doreen Scott.
Umschlagrückseite: Kelly Hoppens Apartment in London.

Die Deutsche Bibliothek – CIP-Einheitsaufnahme

Vorhang auf!: Inszenierungen mit Stoffen und Jalousien / Caroline Clifton-Mogg. Fotogr. von James Merrell.
[Aus dem Engl. von Marcus Würmli]. – Köln: DuMont, 1998
Einheitssacht.: The curtain design source book <dt.>
ISBN 3-7701-4476-7

Originaltitel: The Curtain Design Source Book

Aus dem Englischen von Marcus Würmli

Umschlaggestaltung: Nicole Hardegen, Köln

Printed and bound in China

ISBN 3-7701-4476-7

Blumenfeld
GEORGE PLATT LYNES
PORTRAIT
BALENCIAGA
Christian Dior

Inhalt

VORWORT

„Reich", „dekorativ" und sogar „üppig": Diese drei Begriffe werden häufig gebraucht bei der Beschreibung der Fensterdekoration der achtziger Jahre. Bücher aus jenem Jahrzehnt spiegeln die entsprechende Geisteshaltung wider. Heute hat sich die Innenarchitektur neu orientiert. Es herrscht die Überzeugung, daß Dekoration einfach sein kann und sollte und daß der Exzeß, der bis zu einem gewissen Grad den Stil des vergangenen Jahrzehnts charakterisierte, doch etwas zuviel war. Vielleicht hat diese Entwicklung auch damit zu tun, daß in den letzten zehn Jahren die Auslandsreisen stark zugenommen haben. Dabei lernten wir die Lebensweisen anderer Menschen kennen und konnten mit eigenen Augen sehen, wie sie ihre Wohnungen einrichten. Eine große Rolle spielt sicher auch, daß das tägliche Leben für viele weniger geruhsam und weniger sicher geworden ist. Heute scheint alles in ständiger Bewegung und Veränderung zu sein. Wir ziehen um, wenn dies der Arbeitsplatz erfordert oder wenn sich unsere Lebenssituation verändert. Da liegt es auf der Hand, daß die persönliche Habe bei einem Umzug tragbar sein sollte. Die dekorative Einfachheit wird eindeutig von den Umständen diktiert, und dies zeigt sich in der Innenarchitektur in größerer Zurückhaltung.

So ist denn die Zeit gekommen für ein neues Buch über Fensterdekoration. Es beantwortet Fragen und macht Vorschläge für eine einfachere Gestaltung von Fenstern. Im Zentrum steht dabei der Gedanke an alles, was frisch, neu und einfach ist.

Caroline Clifton-Mogg

Stileinflüsse

UNTEN, RECHTS UND GEGENÜBERLIEGENDE SEITE *Schwere, geschnitzte und vergoldete hölzerne Blenden verbargen oft die Oberkanten ebensoschwerer Vorhänge. Hier verdeckt die Blende den Türvorhang. Die auf dem Foto gezeigten zwei Vorhänge waren aber eher unüblich: Der äußere Vorhang wird von einer Zierkordel nach oben gerafft, während eine metallene Klammer den Innenvorhang zurückhält.*

Stileinflüsse

Geschmack kann man fast nicht definieren. Für jeden einzelnen ist der Geschmack gleichzeitig eine persönliche und eine gemeinschaftliche Frage. Er wird nicht nur vom Individuum selbst, sondern auch von allgemein gesellschaftlichen Einflüssen bestimmt. In unserer Zeit der rasanten Kommunikation können wir uns unmittelbar von vielen Quellen inspirieren lassen. So wird es zunehmend schwierig, den persönlichen Geschmack zu definieren. Umgekehrt können wir die vergangenen Stilarten als Bibliothek dekorativer Schätze betrachten, in der wir uns auf die Suche nach neuer Inspiration begeben. In der Tat stellten für den berühmten Designer John Fowler, der in der ersten Hälfte unseres Jahrhunderts für die textile Gestaltung von Fenstern berühmt war, Kostüme des 18. Jahrhunderts eine wichtige Inspirationsquelle dar. Viele Vorhänge schmückte er mit Details von gestickten seidenen Herrenwesten oder mit den Rüschen eines Tafthemdes. So wollen wir denn in aller Kürze die verschiedenen Modeströmungen behandeln, die frühere Vorhangstile beeinflußten und die heute noch zu neuen Stilvariationen führen.

Wie bei jeder Kunstform gab es fruchtbare Perioden und weniger fruchtbare. In den letzten Jahrhunderten herrschte großer Ideenreichtum, der uns heute als Anregung dient. Historisch gesehen waren Vorhänge aber nicht immer nur dekorative Elemente. Erst als die Menschen das nackte Überleben gemeistert hatten, konnten sie ein Gefühl für das Schöne in der Natur und in den darstellenden Künsten entwickeln. Die ersten Hausbesitzer hatten dringendere Sorgen, nämlich wie sie Kälte und Feuchtigkeit von den Innenräumen fernhalten konnten. Textilien hängte man eher aus praktischen denn aus dekorativen Gründen an die Wände und rund ums Bett. Doch da den Menschen ein Sinn für das Schöne als Selbstzweck angeboren ist, erhielten nach und nach auch die ersten Wand- und Bettbehänge reiche Verzierungen.

Vorhänge tauchen als bemerkenswerter Teil der Inneneinrichtung im 16. Jahrhundert auf. Die Ideen stammten wie stets zu jener Zeit aus Frankreich und Italien. Der Einfluß dieser beiden modischen Zentren machte sich nach einiger Zeit auch in England und den Niederlanden bemerkbar. Die ersten Vorhänge bestanden aus einem Stück; zweigeteilte kamen erst später auf. Die einfachsten Vorhänge setzten sich aus simplen Stoffbahnen zusammen – ähnlich etwa dem natürlichen Stil, der heute wieder beliebt ist. Andererseits gab es aber zu jener Zeit auch schon viel üppigere Vorhänge aus Genueser Samt oder venezianischem Brokat und Seide.

Im 17. Jahrhundert waren die technischen Probleme beim Verglasen der Fenster weitgehend gelöst, so daß diese immer größer werden konnten. In England waren die Vorhänge, die man vor diese großen Fenster hängte, noch ziemlich einfach. In anderen europäischen Ländern wurden die Fenster- und die Bettvorhänge dagegen immer raffinierter und entsprechend teuer. Der französische Designer Daniel Marot beispielsweise veröffentlichte seine Vorstellungen von extravagant geschmückten Betten mit Querbehängen, Schärpen, Federbuschen und Quasten. Bis zu einem gewissen Grad beeinflussen die Ideen von Marot und seinen Zeitgenossen noch heute das Design der Schabracke und des Betthimmels, wenn auch in einer einfacheren und in der Regel eleganteren Form.

Von 1700 an gab es viele Vorhangstile, darunter den Vorläufer der modernen Raffrollos. Wenn man sie richtig gestaltet und dazu den passenden Stoff verwendet, bilden sie die beste Lösung für hohe Fenster. Für viele Menschen ist das 18. Jahrhundert die Zeit, in der die Gestaltung von Vorhängen – und das gilt sogar für die gesamte Inneneinrichtung – ihren Höhepunkt erreichte, der nie mehr übertroffen werden sollte. Die Vorhänge von damals waren einfallsreich und elegant, gleich-

zeitig aber auch verhältnismäßig einfach und aus wundervollen Materialien hergestellt. Sie waren an Brettern oder Schabracken befestigt, deren Ornamentik die Wirkung verstärkte. Viele Ideen und Stile aus jener Zeit beeinflussen heute noch das moderne Vorhangdesign.

In der zweiten Hälfte des 18. Jahrhunderts und im frühen 19. Jahrhundert war der Klassizismus sehr beliebt; in verschiedenen neuaufgelegten Formen ist er bis heute populär. Die ersten Ausgrabungen in Pompeji und Herculaneum in Italien fanden genau zu jener Zeit statt. Die Malereien und Mosaiken an den Wänden und auf den Böden der römischen Häuser lösten in Europa und Amerika eine langanhaltende Begeisterung aus für die klassische Architektur und Inneneinrichtung. Aus dieser Zeit stammen Vorhangstangen, die an den Enden Speerspitzen, Lorbeerzweige und andere klassische oder militärische Motive tragen.

In England und Amerika ist der Einfluß des schottischen Designers Robert Adam

(1728–1792), den man dem Klassizismus zurechnet, heute noch sehr groß. Er versah die hohen Fenster, die zu jener Zeit Mode waren, mit relativ einfachen Querbehängen. Deren Enden fielen locker nach unten. Adam verwendete auch Faltrollos unter geschnitzten und plastisch gestalteten Blenden aus Holz oder Gips. Alle diese Ideen kann man heute noch bei schmalen Fenstern umsetzen.

Zu Ende des Jahrhunderts waren französisch beeinflußte Vorhänge mit drapierter Schabracke in Mode. Sie hatten fließende Linien, bei denen das Material gerafft wurde, was viele Gestaltungsmöglichkeiten gestattete. Diese Vorhänge bestanden aus leichteren Stoffen wie Seide und Baumwolle, Taft und Satin. Nun waren die Vorhänge nicht mehr nur ein Mittel, um den Lichteinfall zu steuern; vielmehr wurden sie zu Elementen der Inneneinrichtung. Sie waren unter Querbehängen aus den unterschiedlichsten Stoffen und Mustern befestigt und fielen hinter einer reich geschnitzten Blende nach unten.

Zu Beginn des 19. Jahrhunderts wurde der klassizistische Stil noch einmal verändert. Er verlor viel von der Leichtigkeit, die ihm Robert Adam verliehen hatte. Großen Wert legte man auf Draperien, Schabracken und die herabhängenden Schärpen des Querbehangs. Und besonders beliebt waren damals alle Posamenten.

GEGENÜBERLIEGENDE SEITE, LINKS UND OBEN *Im 19. Jh. wurden die Vorhänge schwer und mächtig. Sehr beliebt waren damals breite Schabracken über Vorhängen aus schweren Stoffen. Sie besaßen in der Regel Fransen, Borten, Tressen, Kordeln und Quasten. In diesem viktorianischen Haus verstärkt der Türvorhang mit seinem kräftigen Farbton den Eindruck einer Luxuseinrichtung, den das Dekor an Wänden und Möbeln weiter bestätigt.*

zu Synthetics verfügen, gewinnt die Idee wieder an Bedeutung, mehr als nur einen Vorhang zu verwenden und mehrere feine Stoffe über eine Vorhangstange zu drapieren. Auf diese Weise erzielt man bei modernen Fenstern ganz besondere, zwanglos wirkende Effekte.

Im 19. Jahrhundert jedoch war die wohlgemeinte Einfachheit der Vergangenheit vorbei. In Europa und Amerika suchte man in den vergangenen Stilen nach neuen Anregungen. So erlebte jeder Stil in der einen oder anderen Form eine Renaissance, die Romanik, die Gotik, der elisabethanische Stil, Louis XIV. und Louis XV., und manchmal wurden alle zusammen verwendet. Mit dieser Kombination mehrerer Stilrichtungen kam der Glaube auf, es dürfte immer etwas mehr sein. Die Vorhänge wurden extrem reich: aufwendig, exzessiv, üppig. Neue chemische Farbstoffe führten zu kräftigeren, geradezu knalligen Farben. Man schmückte die Fenster mit Querbehängen und schwer herabhängenden Schärpen mit inneren Gardinen, mit Rollos aus holländischem Leinen. Kein Teil der Inneneinrichtung – auch Türen, Kaminsimse und Alkoven nicht – blieb von Draperien verschont. Wer heute ein Fenster extravagant schmücken will, sollte darauf achten, daß das Design Spannung erzeugt und nicht in zügelloser Üppigkeit erstickt.

OBEN UND RECHTS UNTEN *In diesem spärlich dekorierten Raum aus dem 18. Jh. zeigen die Fenster eine vereinfachte Version eines sonst eher üppigen Vorhangstils. Ein in sich schmuckloser Stoff hängt quer über einem kleinen Fenster und läuft auf der linken Seite in ein längeres herabhängendes Ende aus. Darunter befindet sich ein weiterer Vorhang, der fast bis auf den Boden herabhängt und nur von einer eisernen Klammer leicht gerafft wird.*

GEGENÜBERLIEGENDE SEITE *Dieser ungefütterte Musselinvorhang in Goethes Gartenhaus in Weimar läßt das Tageslicht hindurchscheinen und ist typisch für das 18. Jh.*

Vorhangstangen und ihre Abschlüsse erhielten eine zentrale Bedeutung und wurden auf alle nur denkbaren Arten mit Stoffen drapiert. Bei einem Fenster verwendete man oft zwei oder mehr Materialien. Dabei kombinierte man nicht nur unterschiedliche Muster, sondern auch verschieden schwere Textilien. Gardinen aus Gaze oder Seide kamen auf. Diese fielen entweder gerade auf den Boden oder wurden gerafft, oft asymmetrisch und anders als die eigentlichen Vorhänge. Da wir heute über eine große Fülle von Stoffen, angefangen bei der Seide bis hin

Gegen Ende des 19. Jahrhunderts mußte die Reaktion auf den ganzen Tand der hochviktorianischen Zeit erfolgen. Diese Gegenbewegung wurde zum Beispiel von der Arts-and-Crafts-Bewegung verkörpert. Designer und Architekten wie William Morris und Philip Webb traten für eine natürliche Einfachheit ein, bei der das Ornament gegenüber dem Objekt zweitrangig wurde und nicht mehr dessen *Raison d'être* war. Sie verspotteten die Verirrungen der zeitgenössischen Innendekoration. In den darauffolgenden Jahrzehnten setzten sich ihre Ideen durch, und das reiche, schwere Dekor verschwand. Auch Ereignisse völlig außerhalb des Designs und des Dekors beeinflußten die stilistische Entwicklung. Während des Ersten Weltkriegs galten schwere, staubfangende Ziervorhänge als unpraktisch, und einfachere Muster, die man auch leichter sauberhalten konnte, ersetzten sie. Nach dem Krieg erhoben Designer wie Nancy Lancaster, Sibyl Colefax und John Fowler die Einfachheit zur Tugend und begründeten das, was wir heute als englischen Landhausstil bezeichnen: bequem und zwanglos und mit einfacheren, frei fallendenVorhängen.

LINKS UND OBEN *Diese relativ einfachen Vorhänge stellen die zeitgenössische Version eines beliebten Designs aus der Regency-Zeit dar. Die kannelierte Vorhangstange aus Messing mit den Zierenden ist typisch für das frühe 19. Jh. Die dreieckigen Stoffstücke des Abschlusses mit den Quasten wiederholen die Form dieser Zierenden.*

Fenstergestaltung

FENSTERGESTALTUNG

Mag ein Fenster in sich wunderschön gestaltet oder einfach nur praktisch sein, es bildet immer eine architektonische Besonderheit, die bei der Inneneinrichtung zu berücksichtigen ist. Wir Menschen brauchen Licht und Luft. Und wenn wir zum ersten Mal ein Zimmer betreten, sehen wir in der Regel zum Fenster hin, egal, ob es von konventionellen Vorhängen, Rollos aus Stoff, Jalousien aus Holz oder gar von Pflanzen verkleidet wird. Doch nur wenn man zurücktritt und das nackte Fenster ohne jeden Vorhang betrachtet, kann man seine individuellen Eigenschaften erfassen. Wie groß es auch sein mag, man sollte es so attraktiv wie möglich gestalten. Keinesfalls darf es hinter einer Flut von Stoffen verschwinden. Statt dessen sollte das Fenster an eine wundervolle Frau erinnern, deren Charme durch schlichte Kleidung noch hervorgehoben wird.

OBEN *Diese Fenster sind so gestaltet, daß sie den gesamten Raum dominieren. Die ungefütterten hellen Innengardinen werden an derselben Stelle gerafft wie die schwereren Übervorhänge. Die Wirkung wäre ohne den Obelisken nur halb so gut, denn er verbindet optisch die beiden Fenster.*

RECHTS *Ein Vorhang leistet auch vor einer Wand gute Dienste, wie dieser Behang zeigt, der abgesehen von der Oberkante keine Muster aufweist.*

RECHTS *Ein ungeschickt positioniertes Fenster, das hier die Ecke eines Zimmers bildet, läßt wenig Platz für Vorhänge. Trotzdem wirken sie ausgesprochen attraktiv. Sie sind über große Metallösen auf eine Vorhangstange aufgefädelt. Der gesamte Bereich wirkt vor allem durch die spiegelverkleidete Wand so interessant, denn sie verdoppelt das Dekor und betont es damit. Der elegante Sessel vor dem Fenster paßt farblich zu den Vorhängen.*

Hohe Fenster

Ein hohes Fenster bildet ein schönes Element der Innengestaltung, besonders wenn es gut proportioniert ist. Hohe Fenster gelten als Architekturmerkmal des 18. Jahrhunderts und damit einer Zeit, in der die Inneneinrichtung einen Höhepunkt an Eleganz erreichte. Wenn einige Ihrer Räume klassische Proportionen aufweisen und mit hohen Fenstern gesegnet sind, so dürfen Sie sich glücklich schätzen. Ihnen steht eine ganze Palette von Stilen zur Verfügung.

In georgianischen Häusern befinden sich die höchsten Fenster meist im ersten Stock. Auf diesem *Piano nobile* lagen die formellen Empfangsräume. Heute bieten solche Räume und ihre Fenster reiche Möglichkeiten für eine traditionelle Innendekoration ebenso wie für ein einfaches Design. Entwürfe für hohe Fenster sollten sich darauf konzentrieren, möglichst viel von dem verfügbaren Licht nutzbar zu machen. Das sollte eigentlich auf der Hand liegen, wird aber vor lauter Begeisterung für üppiges Dekor oft übersehen. Selbst wenn Sie also über ein sehr hohes Fenster verfügen, sollten Sie sich bei der Wahl der Vorhänge Beschränkung auferlegen und nicht zu Drapierungen greifen, die einfach zu schwer wirken.

OBEN, OBEN LINKS *Dieses hohe Fenster wird von einem einzelnen Vorhang verkleidet. Die Raffung übernimmt eine Kordel am Fensterrahmen. Die Form des Fensters bietet eine ideale Gelegenheit, ein altes Textilstück zu verwenden, in diesem Fall einen antiken Paisley-Schal.*

GANZ LINKS, MITTE OBEN *Dieses hohe Fenster reicht bis zu einer holzverkleideten Decke. Der Abschluß des Vorhangs muß deswegen zwangsläufig einfach sein. Eine schmiedeeiserne Stange ist direkt auf dem nackten Holz fixiert. Der Vorhang hängt an Ringen: Für die Verbindung sorgen Schleifen aus blauen Bändern, die die Grundfarbe des Vorhangs wiederholen.*

Obwohl eine gewisse Bescheidenheit schick ist, müssen doch auch schmale Vorhänge mit genügend Stoff gestaltet werden. Es soll so aussehen, als habe man ihre Fülle bewußt eingeschränkt – die Schlichtheit darf nicht als Sparsamkeit ausgelegt werden. Wenn Ihr Haus in einem bestimmten Stil gehalten ist, so sollten Sie einmal darüber nachdenken, wie die ersten Besitzer wohl die Fenster dekoriert haben. Was würde besser zu einem georgianischen Haus passen als ein Paar klassischer Vorhänge mit einem Querbehang und Schärpen oder ein Vorhang, der diagonal über den Fensterrahmen drapiert und von einem Raffhalter zurückgehalten wird? Eine solche Dekoration wirkt ausgesprochen elegant bei einem Fenster mit Innenläden.

Wenn Sie auf Schabracken oder einen Querbehang mit Schärpen verzichten möchten, dann spielen Art und Tiefe des Abschlusses eine entscheidende Rolle. Als Abschlüsse kommen einfache, wie zufällig sich bildende Falten, die sich bei Verwendung eines Kräuselbandes ergeben, ebenso in Frage wie handgenähte, fast architektonisch wirkende Konstruktionen. An solche aufwendigen Abschlüsse sollten sich aber nur professionelle Vorhanggestalter wagen – außer Sie sind von

UNTEN LINKS *Zwischen dem Fenster und der Decke ist kein Platz vorhanden. Überdies reichen die Fenster bis in die Ecken des Zimmers. Hier ist nur das einfachste Design möglich: Die Vorhänge hängen an Ringen von einer schmucklosen eisernen Vorhangstange.*

GANZ UNTEN LINKS *Dieses Zimmer hat einen „toten" Raum oberhalb des Fensters, obwohl die Vorhänge eine Raumillusion erzeugen.*

UNTEN *Hier ist wenig Platz zwischen dem ziemlich breiten Fenstersturz und der Zimmerdecke. Um ein zu üppiges Aussehen zu vermeiden, sind die Vorhänge möglichst flach gestaltet. Sie hängen an einfachen Messingösen.*

Ihren eigenen Fähigkeiten beim Maßnehmen wie beim Nähen überzeugt. Es gibt als Hilfen auch Kräuselbänder für die verschiedenen Abschlüsse, etwa für Dreifach-, Kelch- oder Bleistiftfalten und Gardinenbänder der unterschiedlichsten Machart, zum Beispiel Kreuzbänder, Faltbänder, Schmuckfaltbänder und Taschenbänder. Die Wahl hängt von der Vorhanglänge und dem Gewicht des Stoffes ab.

Besonders bei hohen Fenstern sollte man es sich gut überlegen, wo genau man den Vorhang aufhängt. Eine Stange, die an der falschen Stelle befestigt wird, kann nämlich die Proportionen zum Schlechten hin verändern. In der Regel wählt man dazu den oberen Abschluß oder Fenstersturz. Achten Sie darauf, daß Sie mit der Vorhangstange keine Leiste verdecken. Im Idealfall – das gilt für die meisten Gebäude, die in einem bestimmten Stil gebaut wurden – liegt zwischen dem oberen Ende des Fensterrahmens und der Decke noch ein Mauerbereich, der Sturz. Allerdings kommt es vor, daß in ungeschickt modernisierten Räumen dieser Sturz völlig fehlt. In diesem Fall sollte man die Proportionen des Fensters mit Hilfe des Vorhangs korrigieren. Dies kann mit einer Schabracke geschehen, die an der Unterkante nicht waagrecht abgeschnitten, sondern an den Seiten verlängert ist, so daß auch das Auge nach unten geleitet wird. Ein einfaches Rollo unter den Vorhängen verankert das Fenster optisch und verhindert, daß es im Raum zu schwimmen scheint.

Mit einem Raffrollo gelingt es, möglichst viel Licht durch ein hohes Fenster scheinen zu lassen. Rollos wurden im frühen 18. Jahrhundert beliebt, als durchscheinende Stoffe wie Musselin oder Seide aufkamen. Diese eleganten Raffrollos waren auch äußerst praktisch, denn man konnte sie unter dem Übervorhang hochziehen, um möglichst viel Licht in das Zimmer hineinzulassen.

Die heutigen modernen Raffrollos sehen weniger edel aus, weil die geraffte Rüsche oft zu breit wirkt. Heute werden Raffrollos allzu oft vor ungeeigneten Fenstern verwendet, die entweder zu breit, zu klein oder zu hoch sind. Auch Stoffart und Muster überzeugen häufig nicht. Unter den richtigen Bedingungen hätten sie jedoch eine sehr nützliche Aufgabe zu erfüllen, vor allem bei einem hohen Fenster. Kurz: Wer einen Vorhangstil bevorzugt, der an sich schon raffiniert ist, braucht keine weitere Verschönerung des Grunddesigns. Die Rollos sollten einfach sein, die Posamenten auf ein Minimum beschränkt. Wenn man das Rollo hochzieht, sollte man

OBEN *Dieses schlecht proportionierte Fenster ohne Sturz konnte gerettet werden. Der Vorhang ist mit einem Querbehang, den man in der Mitte bewußt durchhängen läßt, an einer Metallstange befestigt. Dies wirkt attraktiv, und das Auge wird vom Bereich oberhalb des Fensters abgelenkt.*

GEGENÜBERLIEGENDE SEITE *Dieses schmale hohe Fenster in einem holzverkleideten Raum wird von einem einzigen gestreiften Vorhang gestaltet, der von einer Stange herabhängt. Das einzelne Stoffstück mit den dunklen Säumen, das über dem Abschluß liegt, wird auch als originäres dekoratives Element wahrgenommen.*

OBEN *Die Proportionen dieses Fensters, das sich nicht über die volle Wandhöhe erstreckt, kann man durch ein spezielles Vorhangdesign verbessern. Hier werden die beiden seitlichen Vorhänge auf der Höhe der Fensterbank gerafft. Die Schabracke ist an den Seiten verlängert. Dadurch wird der Blick nach unten gelenkt, und das Fenster wirkt schmaler.*

UNTEN *Die schlechten Proportionen eines Fensters lassen sich mit Hilfe von Vorhängen korrigieren. Hier sind sie nur an einer Kordel befestigt, die naturgemäß etwas durchhängt.*

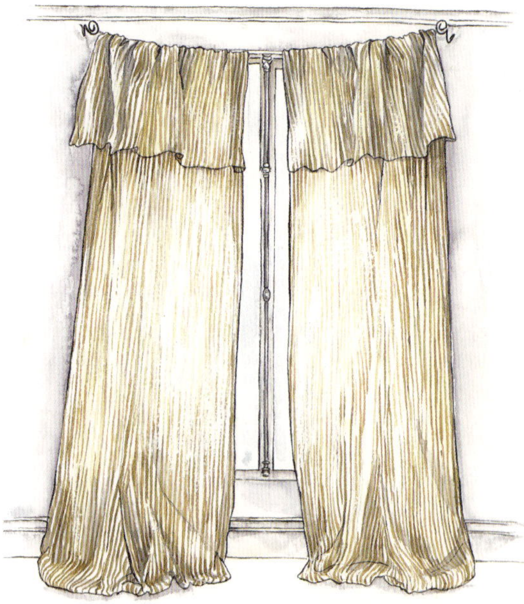

CHINA
The Royal Palaces of India
JONATHAN
TREASURES OF BRITAIN

OBEN *Diese Fenster liegen sehr ungünstig: das eine ganz in der Zimmerecke, das andere viel zu nah am ersten. Doch aus dieser Not läßt sich eine Tugend machen. Man schmückt beide Fenster mit demselben bunten Vorhangstoff. Große helle Vierecke wurden dabei zusammengenäht und erzeugen so einen auffälligen Patchworkeffekt. Die Musterung des Vorhangs findet sich auch in anderen Rechtecken des Raumes wieder.*

darauf achten, daß die sichtbare Fläche des Rollos in einem guten Größenverhältnis zur verbleibenden Fensterfläche darunter steht. Eine weitere Möglichkeit für die Gestaltung eines gut proportionierten hohen Fensters ist ein Faltrollo, das in der Regel in den Fensterrahmen hinein gehängt wird und das mit seinen horizontalen Linien und flachen Falten die Architektur des Fensters wiederholt.

Alle diese Ratschläge gelten für Fenster mit perfekten Proportionen – doch solche sind leider nur selten zu finden. Fenster sind oft zu schmal, zu breit oder einfach zu hoch für die Raumhöhe. In solchen Fällen sollte man problematische Größenverhältnisse so ausgleichen, daß die bestmögliche Wirkung erzielt wird. Ist das Fenster zu schmal, so besteht die einfachste Lösung darin, die Gardinenstange so weit zu verlängern, daß der Vorhang vor der Wand hängt und somit über die Fensterrahmen hinausreicht. Schmale hohe Fenster kann man breiter aussehen lassen, indem man Innenläden mit Füllungen oder Lamellen anbringt. Wenn man diese nicht braucht, klappt man sie zurück, so daß sie an der Wand anliegen.

Ein großes und schmales Fenster reicht nicht immer bis auf den Boden. Einen solchen Makel können Sie dadurch korrigieren, daß Sie den Vorhang bis zum Boden reichen lassen. Die Unterkante kann man durch ein kontrastierendes Stoffband akzentuieren. Man kann auch die Sturzhöhe oberhalb des Fensters dunkel streichen, so daß sie wie getäfelt aussieht.

Schmale Fenster können breiter aussehen, wenn man eine falsche Schabracke montiert. Man befestigt diese Schabracke oder einen Querbehang mit herabhängenden Schärpen am Vorhang selbst und nicht an einem Brett. Wenn man die Vorhänge öffnet, zieht man die Schabracke mit zurück. In geschlossenem Zustand erzeugen sie die Illusion eines reich geschmückten Querbehangs.

Nicht jedes Vorhangpaar an einem hohen Fenster muß sich auch öffnen lassen. Wenn ein großes Fenster auf einem Treppenabsatz oder einem Podest liegt, so können sorgfältig drapierte, schmückende Vorhänge permanent fixiert sein. Sie sehen dann meist besser aus als Vorhänge, die man immer wieder neu ordnen muß.

UNTEN, RECHTS UND RECHTS AUSSEN *Ein einfaches, an sich langweiliges Fenster sieht breiter und besser aus, wenn man es mit einem auffälligen Vorhang zur Geltung bringt, der gleichzeitig möglichst viel Licht in den Raum läßt. Der Innenvorhang, der aus einem einfachen gelben Stoff besteht, ist an einer Gleitschiene befestigt und wird im unteren Drittel der Wandhöhe gerafft. Der schwerere Übervorhang, der an einer Stange befestigt ist, fällt in sauber arrangierten Falten.*

GANZ LINKS, LINKS UND OBEN *Das ist die zeitgenössische Version einer klassischen Fenstergestaltung. Ein moderner Stoff mit breiten bunten Streifen hängt von einem reich verzierten und vergoldeten Brett. Solche Vorhänge eignen sich besonders für Treppenabsätze. Sie verleihen dem Treppenhaus einen besonderen Charakter.*

Breite Fenster

Fortschritte in der Glasherstellung während der vergangenen Jahrhunderte haben es möglich gemacht, viele verschiedene Fensterformen zu entwickeln. Im 17. Jahrhundert bestanden die Fenster nur aus kleinen Scheiben. Erst nach der Erfindung des Flachglases im 19. Jahrhundert gelang es, große Fronten zu verglasen. Als die Kosten dafür fielen, wurden die Fenster gleichzeitig breiter und auch höher.

Breite Fenster aus mehreren Glasscheiben behandelt man anders als Fenster mit einer einzigen Panoramascheibe. Man verkleidet sie zum Beispiel mit Rollos oder Vorhängen, die bis auf den Boden reichen. Man kann auch bei der Verglasung selbst für einen Kontrast sorgen, wenn man an gewissen Stellen Milchglas verwendet, so daß ein abstraktes Design entsteht.

Breite Panoramafenster verleihen schweren Wänden eine gewisse Leichtigkeit. Große Fenster in Hochhäusern brauchen in der Regel keine Vorhänge. In geringer Geschoßhöhe werden solche Fenster jedoch oft vernachlässigt. Wie sollte man also solche Fenster verkleiden, ohne daß sie zu auffällig wirken?

Zunächst stellt sich die Frage, ob die Vorhänge bis zum Boden reichen oder nur halblang sein sollen. Auch hier geht es um die Proportionen: Die Breite muß immer durch Höhe ausbalanciert werden. Ist das Fenster breiter als hoch, so kann man die Breite durch ausreichende Vorhanglänge unterhalb und vielleicht sogar auch oberhalb des Fensterrahmens ausgleichen. Muß die verglaste Fläche optisch gegliedert werden, so erzeugen zwei oder drei Springrollos, die unterschiedlich weit hochgezogen werden, den gewünschten Effekt. Die gestuften Unterkanten der Rollos wirken dabei lebendig. Wenn

GEGENÜBERLIEGENDE SEITE LINKS, UNTEN MITTE *Breite Fenster machen fast immer Probleme, besonders wenn sie sich nicht vom Boden bis zur Decke erstrecken. Hier wurde ein breites Fenster geschickt mit Faltrollos dekoriert. Sie sind unterschiedlich weit hochgezogen und wirken dadurch interessanter, wie die Detailaufnahme zeigt. Solche Rollos bestehen aus feinen Stoffen und lassen sich in jeder Höhe fixieren. Durch den variablen Abstand vom Fensterbrett bricht man die optisch wenig attraktive Glasfront auf. Der Saum der Rollos an den Seiten und der Unterkante ist fast gleich breit wie der dunkle Fensterrahmen, was sehr harmonisch aussieht.*

UNTEN, LINKS, GEGENÜBERLIEGENDE SEITE OBEN MITTE *Panoramafenster wirken aufgrund ihrer Größe überwältigend und scheinen den Raum zu dominieren. Dies gilt in besonderem Maße, wenn gleich zwei Wände solche riesigen Fenster haben. Die Lösung, die hier gefunden wurde, verwandelt die breiten Fensterfronten in einen ätherisch wirkenden Farbentraum. Dazu verwendete die Stylistin einfache gazeähnliche Vorhänge in breiten verschiedenfarbigen Streifen. Die Vorhänge fallen ganz locker und unstrukturiert und bewegen sich bei jedem Luftzug. Die Formlosigkeit dieser Gestaltung wird vom zufällig wirkenden Abschluß noch verstärkt. Er besteht aus einer Schnur, die man zu großen Schleifen band.*

man die Fensterfläche verkleinern will, greift man auf Lambrequins zurück, die an den beiden Seitenenden zusätzliche Schärpen aufweisen.

Bei einem breiten Fenster besteht häufig der Wunsch, einen aufwendigen Querbehang mit Schärpen anzubringen. Bleiben Sie standhaft! Erstens ist es sehr schwierig, über eine derart breite Fläche ein befriedigendes Arrangement zu finden. Zweitens sollte man aber auch versuchen, die Aufmerksamkeit auf den Ausblick und nicht zu sehr auf die Vorhänge zu lenken. Einfachheit ist in diesem Fall immer die bessere Lösung. Wenn sich draußen ein prächtiges Panorama bietet, sollte man die Vorhänge um einen Ton dunkler oder heller als die Wand wählen, so daß die Landschaft und nicht die Innendekoration dominiert.

Wie auch immer der Ausblick und die Fensterfront sein mögen, auf jeden Fall sollte man das Stoffmuster sorgfältig auswählen. Es sollte weder zu zurückhaltend noch zu ausgefallen wirken. Ein Dessin, das bei einem

der Außenwelt entsteht. Musselin oder ein feiner Voile sehen gut aus, besonders wenn sie zart gemustert sind. Dekorative Spitzen eignen sich nicht so gut für breite Fensterfronten. Sehr hübsch dagegen ist es, das Fenster mit mehreren Wandschirmen aus Papier zu verkleiden. Sie streuen das Licht und bewirken auch eine optische Untergliederung der Front.

GEGENÜBERLIEGENDE SEITE (unten, oben links, oben Mitte) *Der Vorhangstoff zeigt eine deutliche Oberflächenstruktur. Die gefältelte Viskose wird reichlich verwendet, um große, fast skulpturähnliche Falten zu legen. Der strenge Eindruck wird dadurch gemildert, daß die Vorhänge leicht auf dem Boden aufstoßen.*

UNTEN, LINKS, GEGENÜBERLIEGENDE SEITE (oben rechts) *Die Vorhänge an diesem großen Fenster bestehen aus einem gekräuselt wirkenden synthetischen Gewebe. Den oberen Abschluß bilden Falten, die nur scheinbar von Klammern zusammengehalten werden. Die Befestigung erfolgt jedoch über fast unsichtbare Schienen.*

normal großen Fenster fasziniert, kann, *ad infinitum* wiederholt, katastrophal aussehen. Kleine Muster, Streifen oder Karos sind für große Fenster ungeeignet. Diese verlangen ein gleichermaßen großzügiges Muster, egal, ob naturalistisch, abstrakt, geometrisch oder gestreift. Auch ungemusterte Stoffe passen ganz gut. Doch wenn die Fensterfront sehr groß ist, sieht ein ungemusterter Stoff besser aus, wenn er von breiten konstrastierenden Säumen an den Seiten oder der Unterkante begrenzt wird. Auch eine Stoffschabracke an der Oberkante grenzt einen einfarbigen Vorhang ein. Wenn der Ausblick aus dem Fenster nichts Besonderes bietet, nimmt man ein hauchfeines Material und drapiert es schleierartig über die ganze Breite des Fensters, so daß nur ein schemenhaftes Bild von

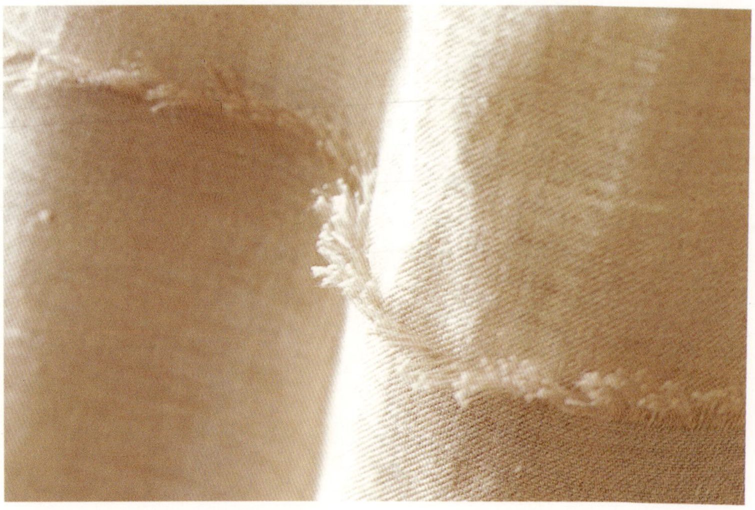

LINKS, OBEN, GEGENÜBERLIEGENDE SEITE *Große breite Fenster brauchen oft eine optische Illusion, um sie in ein angenehmes Maß zu bringen. Die Innenvorhänge halten hier einigen Abstand vom Fenstersturz und hängen an langen Drahtclips, die oberhalb der Fenster an Schienen befestigt sind. Der Effekt wird durch einen zweiten Vorhang verstärkt, der von der Decke hängt und in den Raum hineinreicht.*

UNTEN *Eine Lösung für ein Panoramafenster, das nicht die gesamte Raumbreite einnimmt, besteht darin, den Vorhang zur Wand hin zu verlängern. So entsteht eine Verbindung zwischen Wand, Fenster und Raum.*

Bei der Wahl des Stoffes sollten Sie vor allem auch die Lichtmenge berücksichtigen, die durch das Gewebe hindurchtritt und damit den Gesamteindruck im Inneren bestimmt. Ein dickes Futter läßt nur wenig Licht durch und lenkt somit die Aufmerksamkeit auf das Stoffdessin. Ungefütterte Vorhänge hingegen lassen das Licht durchscheinen. Das kann besonders reizvoll wirken, wenn der Vorhang aus Seide oder leichter Baumwolle besteht.

Besonders im Erdgeschoß gibt es häufig Fensterfronten, die sich aus festen Glasscheiben und beweglichen Schiebefenster zusammensetzen. Bei der Entscheidung über die entsprechenden Vorhänge sollte man zunächst darauf achten, daß die Vorhänge über den Gleitmechanismus der Schiebefenster zurückgezogen werden müssen, so daß sich beim Öffnen und Schließen der Stoff verfangen kann.

Die meisten der bisher gemachten Vorschläge beziehen sich auf vernünftig proportionierte Fenster. Leider gibt es aber auch sehr häufig breite Fenster mit wenig angenehmen Proportionen. Sie stellen meist völlig gesichtslose Glasbereiche ohne eigenen Charakter dar. Dazu kommt oft eine häßliche Metalleinrahmung, die diesen Eindruck noch verstärkt. Doch auch solche schlecht proportionierten breiten Fensterflächen kann man bis zu einem gewissen Grad durch gute Vorhanggestaltung verbessern und auflockern.

GANZ LINKS, LINKS, UNTEN *In einem Schlafzimmer muß man darauf achten, daß die Vorhanggestaltung nicht den gesamten Raumeindruck bestimmt. Das Fenster wird hier optisch vergrößert, indem man eine längere Vorhangstange wählte und damit auch die Vorhänge weiter nach außen plazierte. Dabei entsteht trotz der Stoffülle kein Eindruck der Schwere.*

GEGENÜBERLIEGENDE SEITE *Für breite, aber niedrige Fenster verwendet man am besten Rollos. Besonders passend sind solche originellen Versionen. Den einfachen hellbraunen Stoff legte man hier – formloser als etwa bei einem klassischen Faltrollo – mit Hilfe von Bändern in zwanglose Falten.*

Die Größe eines Fensters kann, wenn notwendig, durch Abschlüsse oder Vorhangstangen optisch erweitert werden, welche über die Fensterstöcke hinausreichen. Damit liegen die Vorhänge an der Wand auf, anstatt ins Fenster hineinzureichen.

Bei verhältnismäßig hohen Fenstern kann man die Höhe mit einem entsprechend breiten Lambrequin korrigieren. Am Brett befestigt man mehrere verschiedene Vorhänge, so daß der Eindruck mehrerer getrennter Fenster entsteht.

Breite Glasflächen gliedert man mit drei oder vier flachen Faltrollos. Sie halten Licht ab und geben dadurch dem Raum mehr Intimität. Diesen Vorschlag haben wir schon bei den Fenstern mit perfekten Proportionen gemacht. Bei den vielen heute erhältlichen Systemen findet sich auch für breite Fenster die ideale Lösung. Rollos sind überdies sehr flexibel, und es gibt sie in einer großen Vielfalt von Stilen und Preislagen von preiswert bis extrem teuer. Ein Raffrollo mit flachen Bogen kann über einen Teil des Fensters gezogen werden, vielleicht sogar unter einem Paar Übergardinen. Das Licht wird dadurch diffuser, und die Proportionen des Fensters ändern sich erheblich.

Kleine Fenster

Viele Häuser und Wohnungen haben kleine Fenster, und es stellt sich dabei zunächst einmal die Frage, ob man sie überhaupt mit einem Vorhang versehen sollte. Dazu ist wahrscheinlich nicht zu raten, wenn sich das Fenster hoch oben an der Wand befindet. Tatsächlich kann ein kleines Fenster ohne jeden textilen Behang an sich ein dekoratives Element darstellen, besonders wenn der Holzrahmen in einer augenfälligen Farbe gestrichen wurde. Ist eine tiefe Fensterbank vorhanden, so kann man auch diese streichen und damit die Form des Fensters verstärken.

Ein Gefühl für die Proportionen ist sehr wichtig bei kleinen Fenstern. Die dekorativen Vorstellungen müssen im Verhältnis zur Größe des Fensters stehen; völlig unangebracht wären beispielsweise üppige bogenförmige Querbehänge mit fallenden Schärpen oder irgendeiner jener großzügigen Abschlüsse, die bei größeren Fenstern so gut wirken. Abschlüsse sollten auch nicht zu breit sein. Vorhangstangen müssen in ihren Proportionen zur Schwere und zur Tiefe des Vorhangs passen.

OBEN *Ein kleines Fenster erhält durch eine gute Vorhanggestaltung eine neue Bedeutung: Ein Stück Stoff wurde über eine Stange drapiert und läuft seitlich in einer breiten Schärpe aus, die doch ein Maximum an Licht einläßt.*

GANZ OBEN, OBEN LINKS *Nur weil ein Fenster klein ist, muß es nicht auch langweilig aussehen. Hier wird in einer entzückenden Nachahmung eines asymmetrischen georgianischen Vorbilds der bodenlange Vorhang unter dem Fensterbrett gerafft. Dadurch wirkt das Fenster länger. Über dem Fenster ist ein grob gestreifter Querbehang fixiert, der gleichzeitig als Schabracke dient.*

Kleine Fenster brauchen auch keine Doppelvorhänge. Ein einzelner Vorhang, der an der Seite gerafft wird, wirkt am schönsten und ist auch sehr praktisch. Man löst den Vorhang für die Nacht aus der Halterung oder beläßt ihn, wie er ist, wenn etwa ein Rollo vorhanden ist, das Licht fernhält.

Kleine Fenster stehen oft nicht im richtigen Größenverhältnis zur Wand oder zum ganzen Raum, und man braucht viel Phantasie, um solche Fenster geschickt zu verkleiden. Ist das Fenster beispielsweise schmal und niedrig, so sollte man so lange Schienen und Stangen nehmen, daß die Vorhänge rechts und links vom Fensterrahmen herabhängen. Das überstehende Ende der Schiene oder Stange darf aber auch nicht zu lang sein. Es sollte möglichst nicht die Mauer zwischen dem Fensterrahmen und dem Fenster sichtbar werden.

Kleine Fenster schmückt man im allgemeinen mit halbhohen Vorhängen. Vorhänge bis an den Boden sehen hier in der Regel

LINKS, UNTEN *Ungefütterte Vorhänge sind ideal für kleine Fenster, besonders wenn zusätzlich Innenläden vorhanden sind. Dieser hübsche Stoff wurde oben mit einem Blumenmotiv bestickt. Auf Fensterbretthöhe wurde er gerafft, um möglichst viel Licht hereinzulassen.*

unproportioniert aus. Wenn man aber ungleichmäßige Größenverhältnisse ausgleichen will, so kann man den Vorhang auch um einige Zentimeter über das Fensterbrett hinaus verlängern. Auch die Vorhangstangen können etwas höher angebracht werden. Wer bodenlange Vorhänge vor ein kleines Fenster montieren will, vielleicht um die Proportionen des gesamten Raumes zu korrigieren, sollte daran denken, daß die Vorhänge wie auch das Rollo deutlich oberhalb des Fensters zu montieren sind. Man kann es dann über die Sturzhöhe und einen Teil des Fensters herabziehen, so daß der Eindruck eines viel größeren Fensters entsteht.

Befindet sich das kleine Fenster in einer Nische, kann man ein Rollo davor hängen. Die Wand, die vor der Nische liegt, verkleidet man mit bodenlangen Vorhängen. Sie könnten etwa aus einem Material bestehen, das zu dem des Rollos paßt. Das verleiht nicht nur dem Fenster, sondern dem gesamten Bereich eine eigene Note. Bei einem kleinen Nischenfenster kann man das Design des Fensterrahmens an dessen Rand wiederholen, so daß die Illusion eines viel größeren Fensters entsteht. Eine weitere Betonung kann man erreichen, indem man den Fensterrahmen mit einer kontrastierenden Farbe streicht.

Ist das kleine Fenster auch noch häßlich – und das gilt gleichermaßen für unattraktiv

UNTEN LINKS *Bei diesen Fenstern im Schlafzimmer kommen mehrere Probleme zusammen: Eines der Fenster ist klein und rund, das andere ein schräges Dachfenster. Das runde Fenster hat einen Übervorhang aus hauchfeinem Gewebe, der weit über den Fensterrahmen hinausreicht. Für die Regelung des Lichteinfalls sorgt ein Rollo, das weit oberhalb des Fensters ansetzt. Das Licht vom Dachfenster wird von einem breiten Streifen hauchfeinen Stoffes gestreut.*

GANZ UNTEN *Bunte Bänder sind an einer schmalen Stange vor dem Fenster befestigt. Die Fensterlaibung rahmt die Komposition ein.*

UNTEN *Dieses winzige runde Fenster wird von einem Vorhang verhüllt, der an dekorativen Metallhaken befestigt ist.*

breite wie für schmale Fenster –, dann wählt man die Vorhänge so unauffällig wie möglich und versucht, deren Farbe der Wandfarbe anzugleichen. Man suche Vorhänge, die einen Ton dunkler oder heller sind als die Wand, so daß ein harmonischer Eindruck entsteht, ohne daß zu viel Aufmerksamkeit auf das Fenster gelenkt wird. Es liegt auf der Hand, daß man auch in technischer Hinsicht beim Einfachen bleibt.

Die Wahl des Stoffes ist bei einem kleinen Fenster besonders wichtig. Es passen weder schwere Samt- oder Brokatstoffe noch Wollstoffe oder dicke, reliefartig geprägte Baumwollstoffe. Kleine Fenster verlangen leichte, luftige Materialien, die die geringe Größe widerspiegeln, aber auch ausgleichen. Dasselbe gilt auch für gemusterte Stoffe: sie sollten ein einfacheres und kleineres Dessin aufweisen als bei größeren Fenstern. Achtung: In einem Musterbuch oder im Fenster eines Fachgeschäfts wirkt das Dessin meist viel kleiner als beim fertigen Vorhang in der eigenen Wohnung.

Dies ist der richtige Augenblick, um auf die Vorteile eines farbigen Futters bei kleinen Fenstern einzugehen. Ein kleines Fenster mit einem kleingemusterten Stoff und ein Futter in den Farben dieses Musters oder einer anderen Farbe (etwa Dunkelrosa oder Gelb)

OBEN, OBEN LINKS *Fallrollos eignen sich am besten für kleine Fenster. Das Rollo liegt hier innerhalb des Fensterrahmens; die Ränder werden von einem kontrastierenden Stoff gesäumt.*

MITTE OBEN *Dieses kleine Fenster, unter dem eine attraktive Täfelung zu sehen ist, verlangt ein originelles Stoffstück. Es hängt an Ringen von einer Eisenstange und ist weit oben gerafft, so daß die interessante Form des Fensters zur Geltung kommt.*

GANZ LINKS (oben und unten) *Dieses Rollo ist ungefüttert, jedoch mit einem anderen Stoff gesäumt. Die breiten Bänder, die das Rollo raffen, gliedern das Fenster optisch und enden in zwei breiten Schleifen.*

bringen Wärme in den trübsten Tag, weil dadurch die Farbe des Lichtes im Rauminneren verändert wird. Ein solches Fenster sieht auch von außen einladend aus.

Rollos sehen bei kleinen Fenstern auch sehr gut aus. Man kann sie leicht hochziehen und damit dem verfügbaren Tageslicht anpassen. Die beste Wahl für kleine Fenster sind wahrscheinlich Springrollos. Ein korrekt proportioniertes Faltrollo paßt sicher auch, doch die vollen Formen eines gerafften Rollos wirken meist zu üppig. Mit Rollos kann man auch sehr gut den Fensterrahmen betonen. Damit sieht das Fenster nicht so aus, als würde es im Raum schweben. Allerdings kann man es mit Hilfe eines Rollos auch optisch vergrößern.

OBEN, LINKS *Rollos mit kräftiger Textur sorgen in einem kühn dekorierten Raum für strenge Ordnung. Der Fensterrahmen wurde weiß gestrichen, um einen Kontrast zu den breiten Streifen an den Wänden zu bilden.*

MITTE *Traditionelle Caféhausgardinen bedecken nur die untere Fensterhälfte und gestatten ein gewisses Maß an Intimität.*

GEGENÜBERLIEGENDE SEITE (oben) *Kleine Fenster in Räumen mit niedrigen Decken brauchen einfache Vorhänge, besonders wenn noch Balken vorhanden sind.*

GEGENÜBERLIEGENDE SEITE (unten) *Diese Vorhänge wurden auf Stangen aufgezogen, die am Fensterrahmen befestigt sind. Die hübsche Borte an der Unterkante verstärkt den ländlichen Charme.*

Fenstertüren und verglaste Türen

Die Fenstertüren heißen auch Flügelfenster, Veranda-, Terrassen- oder Balkontüren oder auch Französische Fenster, weil sie in Frankreich besondere Verbreitung fanden. Das gilt nicht nur für das Erdgeschoß, wo sie in einen Garten hinausführen, sondern auch für obere Stockwerke, wo sie dann meistens über einen kleinen vergitterten Austritt verfügen. Die Fenstertüren wurden im späten 18. und frühen 19. Jahrhundert in ganz Europa beliebt und spiegelten dabei den entspannten Lebensstil der reicheren Schichten in dieser Zeit wider. Gleichzeitig zeigt dies deutlich, daß die Fenster schon immer ein eigenes Gestaltungselement waren.

In der Vergangenheit und besonders auf dem Kontinent betonte man Fenstertüren oft mit einem steifen Lambrequin oder einem gewebten Fenstervorhang, der den absteigenden Linien des Fensters folgte und oft bis auf den Boden reichte. Bei einer einzelnen Fenstertür, die nicht von anderen Fenstern beeinflußt wird, würde eine zeitgenössische Version davon sehr gut wirken; zum Beispiel mit einem besonders geformten Sperrholzrahmen, der bemalt oder mit einem Stoff überzogen wird. Als Alternative käme eine herkömmliche steife Schabracke in Frage, die an den Seiten des Fensters schärpenartig ausläuft. Es liegt auf der Hand, daß Vorhänge, die unter einer solch auffälligen Dekoration liegen, möglichst aus einfachen Stoffen bestehen und entsprechend gestaltet sein sollten.

Heute bilden Fenstertüren und verglaste Türen, die direkt auf einen Balkon oder in einen Garten gehen, ein hübsches Element, das auf charmante und einzigartige Weise eine Verbindung zwischen Wohnung und Außenwelt herstellt. Je nach der Lage im Zimmer brauchen solche Flügelfenster nicht immer Vorhänge. Wenn Design und Ambiente passen, wäre jede Art von Vorhang zuviel. In diesem Fall läßt man die Türen unverkleidet oder drapiert einfach einen hauchfeinen Stoff oder ein antikes Textil über eine Vorhangstange über dem Fenstersturz.

Oft steht eine Fenstertür nicht allein, sondern bildet das Zentrum eines weiteren Fensterpaares. Es kommt auch vor, daß zwei Fenstertüren in einem Raum einander gegenüberstehen. In all diesen Fällen sollte man dieselben Vorhänge verwenden. Es eignen sich bis auf den

LINKS, UNTEN UND GEGENÜBERLIEGENDE SEITE *Dieses klassische Set einer Fenstertür mit zwei Seitenfenstern verlangt nach einer ebenso klassischen Dekoration. Geraffte Rollos wurden ursprünglich für hohe Fenster wie dieses entworfen. Hier hängen sie in perfekter Übereinstimmung mit dem Größenverhältnis des Raumes. Das Rollo über der Fenstertür wurde so hoch gerafft, daß sie das Öffnen und Schließen der Flügel nicht behindert. Das Design wiederholt sich bei den beiden Seitenfenstern. Darunter hängt ein zweites Rollo, das an der Unterkante auffällige Fransen trägt.*

Boden reichende Vorhänge mit einfachem Konzept und Design. Aus praktischen Gründen empfiehlt sich für eine Fenstertür ein einzelner Vorhang. Dasselbe Design sollte sich dann auch bei den übrigen, konventionelleren Fenstern im Raum wiederholen. Wie bei den Fenstern in einem größeren Erker kann man die Fenstertüren und die Seitenfenster durch einen Querbehang zusammenhalten. Ist der Türrahmen in sich schön gestaltet, drapiert man einfach ein auffälliges Stück Stoff über eine Gardinenstange – symmetrisch oder noch besser sogar asymmetrisch. Hier kann man beispielsweise auf historische Textilien zurückgreifen – eventuelle Mängel verbirgt man durch die Drapierung.

Fenstertüren lassen sich entweder nach innen oder nach außen öffnen. Öffnen sie sich nach innen, so muß sich die Laufschiene oder die Vorhangstange weit genug über die Laibung des Fensters hinaus erstrecken, so daß sich die Türen ohne Behinderung öffnen lassen. Wer mehr Intimität wünscht, verkleidet die Fenstertür im Inneren des Rahmens mit

UNTEN LINKS *Eine einfache Lösung für eine Fenstertür in einem unkonventionell gestalteten Raum: Hier wurden die Vorhänge in einigem Abstand von der Fensteröffnung aufgehängt. Zwei Halterungen tragen einen Metallstab, an dem ein Paar ungefütterter Vorhänge hängt.*

UNTEN UND GANZ UNTEN *Eine vielseite Art der Dekoration von Fenstertüren oder verglasten Türen: Jedes einzelne Fenster wird mit einem Spring- oder Faltrollo versehen, und darüber bringt man ein Paar Gardinen an einer langen Stange an.*

OBEN UND RECHTS *Fenstertüren und verglaste Türen liegen oft in einer Wandnische. Wenn sich Fenster und Wand in der gleichen Ebene befinden, empfiehlt sich oft eine an den Enden gekrümmte Vorhangstange. Zusammen mit den Dreifachfalten des Abschlusses verdeckt sie vollständig den Fenstersturz.*

LINKS *Vor dieser verglasten Tür hängt ein bodenlanger Vorhang, der an Ösen befestigt ist. Er wird in der Mitte gerafft. Da sich die Tür in einer Ecke befindet, gibt ein zweiter identischer Vorhang, der als Übervorhang dient, der gesamten Gestaltung zusätzliches Gewicht.*

einer Gardine. Man steckt zum Beispiel an der Ober- und Unterkante Gardinenstangen in Hohlsäume und befestigt diese am Türrahmen. Locker gewebte feine Stoffe wie Musselin sehen mit lose fallenden Falten oder einer leichten Raffung übrigens besser aus als straff gespannter Stoff.

Rollos sehen bei Fenstertüren besonders gut aus. Allerdings sollte man Raffrollos meiden, weil ihre oft übertriebene Fülle sie ungeeignet für das Öffnen und Schließen der Tür macht. Sie passen auch nicht zu den vertikalen Linien der Fenstertür. Falt- und Springrollos wirken besser, besonders bei Fenstertüren, die das Zentrum einer breiten Fensterfront bilden. Man kann sie für einen interessanteren Effekt auf unterschiedliche Höhen einstellen. Für die Rollos verwendet man einen einfachen Stoff und säumt ihn mit einem kontrastierenden Stoff. Wer gemusterte Rollos vorzieht, wird merken, daß Streifen- oder Karomuster besser wirken als Blumenmuster. Für eine Fenstertür, die auf einen Balkon führt und von Fenstern flankiert wird, eignen sich Jalousien, die die Elemente optisch zusammenhalten.

OBEN, RECHTS *Sind die Flügeltüren besonders breit, sollte man für den Vorhang kontrastierende Stoffbahnen verwenden. Da sich das Interesse auf die Musterung der beiden Stoffe richtet, reicht ein einfacher Abschluß.*

LINKS, GANZ OBEN *Über einer Fenstertür, die nicht sehr oft geöffnet wird, kann man auch einfach zwei Stoffbahnen am Fenstersturz mit Haken, Ösen und Nägeln befestigen. Einen dieser Vorhänge rafft man in der Mitte, damit Licht und Luft eintreten können.*

LINKS, GANZ LINKS *Einen ziemlich flachen Erker schmückt man zu beiden Seiten mit einem einzelnen Vorhang. Es sieht am besten aus, wenn ein auffällig geformter Querbehang oder eine entsprechende Schabracke für eine Verbindung zwischen den Fenstern und den beiden Vorhängen sorgt. Das wichtigste optische Element sind hier die auffälligen Streifen des Stoffes, die je nach Farbe unterschiedlich lang ausgeschnitten wurden. Das Fenster dominiert dadurch den Raum.*

Erkerfenster

Man hört oft die Behauptung, Fenster in Erkern seien schwer zu verkleiden. Doch solange man jedes Erkerfenster passend zu den anderen behandelt, ist das ein leicht zu lösendes Problem. Dies gilt auch, wenn zwischen den einzelnen Fenstern relativ große Wandbereiche liegen. Große Erker können drei bis sechs oder sogar sieben Fenster enthalten. Die Vorhänge folgen dem eckigen Verlauf oder schneiden den Erker gerade ab, was besonders zu moderneren Häusern paßt. Erker erhöhen die Lichtfülle und geben Raumtiefe. Deswegen sollten Sie einen Erker als architektonischen Glücksfall betrachten.

Bei verhältnismäßig flachem Erker und genügend Platz in der Nische müßte ein einzelner Vorhang an einer Seite der Fensterfront genügen. Befinden sich zwischen den Erkerfenstern Mauerabschnitte, so bedeckt man sie mit zwei schmalen Übervorhängen. Darunter befestigt man ein Paar funktioneller Vorhänge, die das Fenster bedecken. Bei großen Glasflächen ist ein einzelnes Vorhangpaar zu umfangreich und zu schwer zum Zuziehen. In diesem Fall empfiehlt es sich, mindestens zwei Vorhänge zwischen den einzelnen Fenstern aufzuhängen.

Man kann die verschiedenen Fenster in einem Erker insofern vereinigen, indem man eine hauchzarte Gardine über die gesamte verglaste Fläche hängt. Manche Dekorateure bringen auch Rollos über jedem Fenster an und verkleiden sie außerdem mit Übergardinen. Für eckige Erker braucht man eine spezielle Schiene oder Vorhangstange, die aber

RECHTS, GANZ RECHTS *Dieses Erkerfenster ist mit getrennten, rot und weiß gestreiften, bodenlangen Vorhängen dekoriert. Obwohl hier keine durchgehende Schabracke hängt, die um die gesamte Fensterkomposition läuft, ergibt sich ein einheitliches Bild durch den zarten zentralen Vorhang, dessen Fransen das große Fenster genau in der Mitte teilen. Er streut tagsüber das Licht, wenn die Übervorhänge von einfachen Raffbändern zurückgehalten werden.*

nicht schwer zu bekommen sind. Man wählt entweder einen eckigen Verlauf, der dem der Fenster folgt, oder nimmt eine kontinuierlich gekrümmte Stange, die an der Wand oder Decke befestigt ist.

Während des 18. und 19. Jahrhunderts trugen Erkerfenster oft eine schwere Schabracke oder einen Querbehang, unter dem die eigentlichen Vorhänge befestigt waren. Tatsächlich empfiehlt sich dringend ein gemeinsamer Abschluß, der die getrennten Fenster und Vorhänge optisch vereinigt. Er sollte nicht zu kompliziert sein und nicht unter einer Menge Posamenten verschwinden. Diesen Abschluß sollte man eigens entwerfen (lassen) – möglichst in geometrischer Form mit Ecken. Besonders wirkungsvoll ist ein hölzerner Sims oder ein Schabrackenbrett, das in einer kontinuierlichen Kurve ausgeschnitten wurde und so der Form des Erkers folgt. Damit verliert der Erkerbereich seine Winkel und erhält statt dessen fließende Formen.

Zimmer mit Erkerfenstern sind nicht immer korrekt proportioniert. Das kann zur Folge haben, daß der Erker nicht richtig zum restlichen Raum paßt und der Gesamteindruck ungünstig erscheint. In diesem Fall plant man die Vorhänge, als wenn sie zu einer Theaterbühne

LINKS *Das optisch verbindende Element dieser Erkerfenster ist die kühn geformte Schabracke. Sie verbindet die bodenlangen Vorhänge links und rechts davon. Die Vorhänge über den Fenstern und den Wandschränken links und rechts sind aus demselben dunkelgrün und cremefarben gestreiften Material.*

OBEN, LINKS, RECHTS *Die Vorhänge in diesem weiträumigen Erker schließen mit einem breiten gesmokten Rand ab. Die Vorhänge berühren sich an der Oberkante und erzeugen damit ein einheitliches Bild. Die Säume des schweren Vorhangstoffs tragen kleine, farblich passende Quasten.*

GEGENÜBERLIEGENDE SEITE *Diese dunklen Vorhänge mit dem rüschenartigen Abschluß erinnern an ein überdimensioniertes Festkleid und sind ideal für einen flachen breiten Erker. Der prächtige Eindruck wird durch die tiefe Raffung verstärkt, wodurch der Vorhang elegant auf dem Boden aufliegt.*

gehörten. Man legt sie quer durch den Erkerbereich, so daß das Fenster bei geschlossenen Vorhängen verborgen ist. Den Erkerbereich kann man noch zusätzlich vom restlichen Raum abtrennen, indem man dort bequeme Stühle und einen kleinen Tisch unterbringt. Damit erhält die Nische eine neue Funktion als Schreib- oder Leseraum.

Bisweilen ist ein Erkerfenster nicht das einzige Fenster an einer Wand. Meist befindet

sich der Erker an der Hausfassade mit einem weiteren kleineren Fenster unmittelbarer daneben. Für solche Fenster verwendet man einen gemeinsamen Abschluß oder sogar eine Schabracke, die ebenfalls quer über die Nische des Erkers verläuft. Natürlich wählt man dazu eine möglichst leichte Schabracke. Bei besonders tiefen Erkern macht sich ein Stuhl oder Sessel vor dem Fenster meistens gut. Dies führt nicht nur zu einer optischen Verankerung des Erkerfensters, sondern suggeriert in gewisser Hinsicht auch Freizeit. Legt man auf einen solchen Sessel weiche Kissen, so sollten sie entweder aus demselben Stoff wie der Vorhang bestehen oder eine optische Ergänzung bieten.

OBEN, OBEN RECHTS *Dieser breite Erker bietet von der Vorhanggestaltung her ein einheitliches Bild. Der dunkle Stoff, der für die Säume der Vorhänge verwendet wurde, bildet gleichzeitig verknotete Schärpen, die jeweils in der Fenstermitte herabhängen. Sie reichen nur bis in Kniehöhe, während die Vorhänge Überlänge haben und auf dem Boden aufliegen.*

RECHTS *Diese Vorhänge sollen die Wirkung der breiten Erkerfront auflösen. Dies geschieht durch eine sehr breite kontrastierende Unterkante. Sie bewirkt, daß die Fenster niedriger aussehen.*

Fenster in breiten, alkovenartigen Nischen werden seit jeher bewundert und von den Einrichtern mit großer Liebe behandelt. Bei der Dekoration sollte man versuchen, die Form des Fensters zu betonen, anstatt sie zu verschleiern. Eine entsprechend gebogene Vorhangstange mit konventionellen Vorhängen oder einem einfachen Rollo ist eine durchaus akzeptable Lösung. Wer Rollos verwendet, sollte nicht der Versuchung nachgeben, eine weitere Dekoration anzubringen. Wer über einem Rollo einen Übervorhang anbringen

will, befleißige sich größter Einfachheit. Man denke daran, daß ein breites Erkerfenster an sich schon attraktiv genug ist und nicht hinter einem überladenen Design verschwinden sollte.

Überdies sollte man einen breiten Erker immer als Teil des Raumes betrachten. So könnte man – wenn genügend Platz vorhanden ist – ein paar Sessel hinstellen sowie einige niedrige Bücherregale, die den Linien des Fensters folgen. Auf diese Weise entsteht eine elegant wirkende Lesenische in Fensternähe.

LINKS *Diese große, tiefe Nische wirkt durch die Verwendung eines durchscheinenden hauchfeinen Stoffes wie verschleiert. Dadurch werden die strengen Linien des Fensters gemildert. Die Kombination aus den feinen Gardinen und den Rollos hilft mit, die einheitlichen großen Fensterscheiben optisch aufzubrechen.*

UNTEN *Hier werden getrennte Faltrollos an einer überbreiten Fensterfront eingesetzt. Der halbdurchsichtige Stoff und die klaren Linien des Fensters erzeugen ein sehr modernes Bild.*

Bogenförmige Fenster

Fenster mit bogenförmigem Sturz sind seit jeher nicht einfach mit Vorhängen auszustatten. Es eignet sich beispielsweise ein Raffrollo aus Seide oder einem anderen leichten Material, dessen geschwungene Unterkante die Bogenform an der Oberseite des Fensters widerspiegelt. Auf jeden Fall greift man zu einem leichten und doch voluminösen Stoff und meidet Fransen an der Unterkante. Seide ist ideal, wenn auch teuer. Weitere Möglichkeiten bieten Baumwollchintz oder ein locker gewebter, lichtdurchlässiger Gardienenstoff.

Auch konventionelle Stilarten lassen sich bei bogenförmigen Fenstern anwenden. Für die Vorhänge reicht ein stilisierter Abschluß aus, zum Beispiel Dreifachfalten an der Oberkante. Diese Vorhänge werden direkt am Fenstersturz befestigt und folgen dessen Bogenform. Man rafft die Vorhänge an dem Punkt, wo die Bogenform in die Senkrechte übergeht. Dabei muß man aber darauf achten, daß die Vorhänge als Übervorhänge dienen und nicht ungerafft einfach nach unten fallen. Eine weitere einfache Lösung besteht in einer Art Caféhausvorhang: Die geraden Seiten des Fensters verbinden wir direkt unterhalb des Bogens mit einer Vorhangstange und hängen daran den Vorhang auf.

Möglich wäre auch, eine Schabracke oder einen Lambrequin der Kurve des Fensters folgen zu lassen. Dann könnte man hauchfeine Vorhänge oder Gardinen daran befestigen. Das würde dem Raum noch mehr Leichtigkeit verleihen, die durch die Bogenform der Fenster ohnehin vorhanden ist.

Ein bogenförmiges Fenster bietet auch die ideale Gelegenheit, einen Querbehang mit nach unten auslaufenden Schärpen auszuprobieren. Man nimmt ein verhältnismäßig schweres Material und befestigt es am bogenförmigen Sturz. Die Raffung erfolgt asymmetrisch. Eine weiche feine Gardine darunter fällt bis zum Boden. Sehr gut wirken auch Fensterläden mit Lamellen, die möglicherweise nur bis zu dem Punkt reichen, wo die Bogenform in die Senkrechte übergeht. Sie können tagsüber geöffnet und nachts geschlossen werden.

OBEN *Wenn bogenförmige Fenster mit Innenläden so hübsch aussehen wie hier, sind Vorhänge eher hinderlich und als Dekoration unnötig.*

LINKS *Diese fließenden Vorhänge sind unter einer bogenförmigen Blende befestigt, die den Schienenmechanismus verbirgt.*

GEGENÜBERLIEGENDE SEITE (oben rechts) *Hier wird die Bogenform einfach ignoriert und eine Art Caféhausvorhang vorgeschlagen.*

GEGENÜBERLIEGENDE SEITE (oben links) *Sauber gestaltete fächerförmige Vorhänge betonen die Fensterform und stellen eine originelle Lösung dar.*

GEGENÜBERLIEGENDE SEITE (unten) *Die Vorhänge dieser Fenster werden an der Stelle gerafft, wo die Flügeltüren beginnen.*

Türvorhänge

In viktorianischer Zeit verkleidete man auch Türen häufig mit Vorhängen. Heute verwendet man solche Türvorhänge eher, um einen Ein- oder besser: Ausgang zu markieren oder einfach um Zugluft und Kälte fernzuhalten. In diesen Fällen empfehlen sich schwere warme Stoffe wie Samt oder gemusterte Seide.

Mit Türvorhängen kann man häßliche Proportionen einer Tür korrigieren. Ist sie zu klein für die Wand oder wirkt die Sturzhöhe unattraktiv und „tot“, kann man diesen Eindruck mit einem Türvorhang verbessern, den man von oberhalb der Tür herabhängen läßt. Möglich ist auch ein dekorativer Lambrequin, zu dessen beiden Seiten die Vorhänge auf den Boden fallen.

Wer einen Vorhang an einer zugigen Außentür anbringen will, muß natürlich zunächst daran denken, daß er das Öffnen und Schließen nicht behindern darf. Dazu befestigt man den Vorhang entweder an der Tür selbst und nicht an ihrem Rahmen oder verwendet eine Vorhangstange mit Scharnier, die zur Wand hin gedreht werden kann.

OBEN *Der Eindruck dieser einfachen Türvorhänge wird durch das Rollo betont.*

LINKS *Wenn der Vorhang zurückgezogen ist, kann man die Tür leicht öffnen und schließen.*

OBEN LINKS *Dieser Vorhang mit strengem Faltenwurf schließt den Eingang des Hauses ab. Er paßt gut zur polierten Holztreppe und zum Fliesenboden.*

OBEN MITTE *Eine traditionelle Lösung für eine halbverglaste Tür. Hier paßt nur der einfachste Schmuck, den man finden kann.*

OBEN RECHTS *Das fast surrealistische Design dieser Stoffbahn macht aus der etwas langweiligen Ecke einen interessanten einladenden Blickfang.*

LINKS *Der Vorhang wirkt einfach und hat fast nur einen dekorativen Zweck. Er markiert den Übergang zwischen zwei Zimmern.*

RECHTS *Eine sonst strenge Umgebung wird durch einen hübsch gemusterten Türvorhang aufgelockert.*

Raumteiler

Vorhänge sind gute Raumteiler und eignen sich für die Untergliederung eines Raumes, besonders wenn dieser verschiedenen Funktionen dienen soll. Wo eine Wand durchbrochen wurde und eine Tür oder ein Bogen zwei Räume verbindet, kann ein Paar Vorhänge wieder zum Einsatz kommen, vor allem wenn der Raum insgesamt zu lang wirkt. Sind die Vorhänge von beiden Seiten sichtbar, sollte man für den Vorhang und sein Futter denselben Stoff oder mindestens zwei verschiedene Stoffe verwenden, die sich gegenseitig ergänzen und die auch in den jeweiligen Raum passen. Sie müssen aber nicht gleicher-

UNTEN LINKS *Ein Hausflur wirkt oft allzu offen und exponiert. Doch mit einem Vorhang kann man den Eingang abtrennen, ohne ihn völlig abzuschließen. Der Vorhang besteht aus einem sehr auffälligen Stoff mit großem Muster. Er hängt an einer dünnen Metallstange. Die Farben des Vorhangs entsprechen denen der eleganten hölzernen Wendeltreppe.*

maßen schwer sein, besonders wenn die einzelnen Räume unterschiedliche Funktionen haben. Auf jeden Fall sollten Farbe und Muster miteinander harmonieren. Ein warmer Damast paßt zum Beispiel zu einer fülligen Seide, ein floraler Chintz zu einem leichten gestreiften Baumwollstoff. Solche Raumteiler sehen im allgemeinen am besten aus, wenn sie von Raffhaltern drapiert werden.

OBEN, LINKS, GEGENÜBERLIEGENDE SEITE (rechts oben und unten) *Der reiche Stoff dieses Vorhangs stellt ein dekoratives Element in Diele und Treppenhaus dar. Der Vorhang wurde zusätzlich mit Bordüren und Quasten bereichert. Die Rückseite besteht aus einem ähnlich üppigen Material. Das Gefühl von Luxus, das sich mit diesem Vorhang verbindet, wird noch verstärkt durch die Raffschnur mit den dicken Quasten und das auffällige Muster des Treppenläufers.*

Schrank- und Alkovenvorhänge

Vorhänge lassen sich auf zahlreiche Arten einsetzen, zum Beispiel anstelle von Glas- oder Holztüren an Einbauschränken oder -regalen oder um die Aufmerksamkeit auf einen Alkoven, einen kleinen fensterlosen Nebenraum, zu lenken. Häufig sieht man geraffte oder gefältelte Vorhänge mit Hohlsäumen, die auf dünne Stangen aufgezogen und hinter feinem Maschendraht an Schranktüren befestigt werden. Bei der Wahl des Stoffes

RECHTS *Ein mit Einbauschränken versehener Ankleideraum wirkt durch Vorhänge einladender als durch die sonst üblichen Holztüren.*

UNTEN LINKS *Durch die Vorhänge, die unter einer Leiste befestigt sind, wird der offene Schrank optisch zu einem Teil des Zimmers.*

GANZ UNTEN LINKS *Hier wird ein einfacher Schrank durch einen Vorhang, der auch als Raumteiler dient, zu einem Stauraum.*

UNTEN *Mit einem Vorhang geschmückter Alkoven in einem Zimmer, das bereits eine Badewanne, ein Bett und einen Arbeitsplatz enthält.*

LINKS UND GANZ UNTEN *Der Eindruck dieses völlig weißen Schlafzimmers wird durch bodenlange Vorhänge noch gesteigert, die über einem Alkoven hängen. Die Vorhänge haben einen schweren Saum, der sie elegant in Position hält.*

UNTEN *Ein schmales Zwischenpodest kann in eine gemütliche Sitzecke am Fenster umgewandelt werden. Mit Hilfe eines auffälligen blauen Vorhangs, der von einem Band aus demselben Material gerafft wird, entsteht ein netter, intimer Alkoven.*

muß man einige Dinge berücksichtigen, etwa ob das Muster nicht zu groß und auffällig ist. Es sollte auch möglichst deutlich erkennbar sein, denn durch den Maschendraht hindurch würde es sonst verwaschen aussehen. Am besten sind Streifen oder kleine geometrische Muster oder sogar ein einfarbiger Stoff mit einer besonderen Textur.

Vorhänge aus einem schweren Stoff wie Filz kann man in der Art eines Caféhausvorhangs verwenden, um Regale in einem Arbeitszimmer zu Hause zu verbergen. Ideal sind sie auch in der Küche oder im Schlaf- oder Ankleidezimmer anstelle von Garderobentüren. Menschen, die praktischen Nutzen über die Dekoration stellen, werden hier zwar Einwände äußern: doch mit einem solchen Stoff kann man auch häßliche Heizkörper an der Wand vollständig maskieren.

Bei Raumnot verwendet man Rollos anstelle von Schranktüren. Spring- oder Faltrollos über Regalen sind die perfekte Alternative zu großen Garderobenschränken aus Holz mit Türgriffen. Viele Leute bevorzugen heute diese Lösung, besonders in engen Durchgängen, wo kein Platz ist für eine Schranktür, die nach außen aufgeht. Falt-, Spring- oder Raffrollos halten die Kleider genauso sauber und sehen weicher aus als bemalte oder unbemalte Schranktüren.

Wandbehänge

Es war lange Zeit besonders in Frankreich Mode, Tapeten durch Stoffe zu ersetzen, die man dauerhaft an der Wand befestigte. Einige Argumente sprechen allerdings eher für die Verwendung von Stoffen, die man leicht abnehmen kann, zum Beispiel zur Reinigung oder wenn man die Wohnung wechselt. In der Vergangenheit dienten Wandbehänge wie Tapisserien, Gobelins, Seiden- oder Wollstoffe gleichzeitig der Dekoration wie der Isolierung und dem Schutz vor Kälte. Im 17. Jahrhundert bildeten sie einen wichtigen Teil der Inneneinrichtung, in England ebenso wie auf dem Kontinent. In ländlichen Gebieten Europas behielt man diese Gewohnheit noch lange bei. Der französische Dichter Honoré de Balzac beschreibt in der Mitte des vorigen Jahrhunderts, wie man beim Fronleichnamsfest die Behänge von der Wand herunternahm und sie aus den Fenstern hängte, um die Hausfassade zu schmücken und eine festliche Atmosphäre zu erzeugen.

Üppig drapierte Stoffe, die in komplizierten Schärpen ausliefen, waren im 18. und

19. Jahrhundert in England sehr beliebt. Nicht selten waren diese Wandbehänge sehr schwer und bestanden aus üppig drapierten Damasten und Schärpen, Volants und Fransen. Das sah zwar imposant aus, wirkt für den heutigen Geschmack aber übertrieben und ist nur bei einem Raum angebracht, in dem man auf ein prächtiges Aussehen Wert legt, etwa in einem Speisezimmer oder einem Empfangssalon für ganz besondere Gelegenheiten. Einfacher, ja für manche Fälle geradezu ideal wirkt ein Vorhang, der unter einer geraden Schabracke mit kontrastierender Farbe angebracht ist.

GEGENÜBERLIEGENDE SEITE *Der schwere gesteppte Wandbehang in diesem hohen Raum erfüllt mehrere Zwecke. Er isoliert und wärmt den Raum, der sonst wohl ziemlich kühl wäre. Gleichzeitig verleiht der Stoff dem Zimmer eine anheimelnde Ausstrahlung.*

LINKS *Die Bilder und die Plastik im Vordergrund erhalten durch den textilen Wandbehang eine charakteristische Note.*

UNTEN *Der Wandbehang mit seinen lockeren Falten erzeugt einen Effekt, den man mit einer Tapete niemals erreichen könnte. Die Farben der Sofaüberzüge und der Wandbehänge stimmen überein und bieten ein einheitliches Bild.*

Ein weiteres beliebtes Verfahren zur Wanddekoration greift auf federleichte Stoffe wie Musselin oder feine Seide zurück. Dadurch entsteht ein einladender zarter Hintergrund für die Inneneinrichtung des Raumes. Diesen verführerischen Effekt setzt man zum Beispiel erfolgreich hinter einem Bett oder einem Sofa ein, das an einer längeren Wand steht. Man befestigt den Stoff an verschiedenen Stellen der Wand, so daß er zwischen den Befestigungspunkten in flachen Bögen auf den Boden fällt. Man kann auch eine Vorhangstange wählen, die man an beiden Enden mit Klammern an der Wand befestigt. Dabei muß der Stoff absolut nicht von der Decke bis auf den Boden reichen. Wenn man ihn in der Mitte oder auf zwei Drittel der Wandhöhe anbringt, kann man damit ungünstige Proportionen ausgleichen. Zeigt der Wandbehang dasselbe Muster wie die Vorhänge an den Fenstern, so verleiht man damit einem Raum ein einheitliches und dadurch gefälligeres Aussehen. Eine solche Gestaltung kostet verhältnismäßig wenig Geld und sollte so formlos wie möglich geschehen. Der Stoff sollte so aussehen, als sei er gar nicht dauernd an der Wand befestigt. Durch diese unkonventionelle Handhabung erhält ein Zimmer einen besonderen Reiz.

Man kann Stoffe auch sozusagen in getrennten Paneelen an der Wand befestigen; die Seiten und den Abschluß markiert man mit einer Borte oder einem Band. Solche

Vorhänge können bis zum Boden oder bis zu einer halbhohen Täfelung reichen.

In den meisten Räumen wird man Stühle und Tische nach den Wänden richten. Will man die Wandbehänge optisch verstärken, drapiert man dasselbe Material über bestimmte Stühle oder Sofas. Das sollte wie zufällig hingeworfen aussehen. Auf der Rückseite hält man den Stoff mit einem Knoten oder einer losen Schleife zusammen.

Man kann auch ein auffälliges Stück Stoff mit Hilfe dekorativer, fächerartiger Clips an einer schmalen Stange an der Wand befestigen. Den Stoff kann man dann nach Belieben bewegen, ähnlich wie ein Gemälde. In dieser Weise könnte man auch einen antiken Schal an der Wand befestigen: einfach nur, um ihn bewundern zu lassen.

OBEN *Ein lockerer heller Wandbehang, der an der Bilderleiste befestigt ist, hat eine unmittelbare dekorative Wirkung. Ein solcher Wandbehang hat den Vorteil, daß man ihn im Winter mit einem Stoff in warmen Farbtönen vertauschen kann.*

LINKS *Weder Tapete noch Vorhang, aber der perfekte Hintergrund für eine Sammlung von Kunstgegenständen und anderen dekorativen Objekten.*

GEGENÜBERLIEGENDE SEITE (oben) *Dieser Hausflur wird durch den Wandbehang, der in denselben Farben gehalten ist wie der Sessel, komplett verwandelt.*

GEGENÜBERLIEGENDE SEITE (unten) *Bei zugezogenen Vorhängen sieht der Raum so aus, als sei er ganz mit Vorhängen ausstaffiert. Optische Vielfalt erreicht man durch kleinere Wandbehänge an verschiedenen Stellen des Raumes.*

LINKS, GANZ LINKS *Die geschickt angebrachten, straff gespannten Wandvorhänge akzentuieren die unzugänglichen Fenster.*

UNTEN LINKS *Diese Studierecke wird gleichzeitig komfortabler und ruhiger durch die senkrechten Wandbehänge in kontrastierenden Farben.*

RECHTS *In einer Wohnung mit einem nicht eigens abgetrennten Eßbereich wirken Streifen aus natürlich gefärbten Stoffen, die nonchalant auf dem Boden aufstoßen, sehr lebendig und amüsant.*

UNTEN *Ideal für eine Mietwohnung entziehen diese einfachen Wandvorhänge, die an Bambusstangen befestigt sind, alle möglichen Unschönheiten einfach dem Blick.*

Vorhänge an der Wand können auf sehr schnelle und einfache Weise den Einrichtungsstil eines Zimmers verändern, ohne daß man Möbel umherschiebt. Ein Damast verleiht einem Raum unmittelbar einen gewissen Stil. Große Karos in kühnen Farben oder einfarbige helle Stoffe in auffälligen Tönen wirken hingegen sehr lebendig. In ähnlicher Weise verströmen Falten und Draperien einen antiken Charme, während straff gespannte Stoffe Modernität suggerieren.

Raumgestaltung

RAUMGESTALTUNG

Jede Fensterdekoration sollte sich der Architektur des Raumes und des ganzen Hauses anpassen. Je stärker die architektonische Präsenz eines Raumes ist, um so mehr müssen Vorhänge und andere textile Einrichtungsstücke diesen Stil widerspiegeln. Bei aller Bedeutung, die man den Vorhängen selbst beimißt, sollten sie doch auch zur Einrichtung passen, angefangen beim Bodenbelag bis zur Farbe und Gestaltung der Zimmerdecken. Zimmer mit unterschiedlichen Funktionen eignen sich für mehrere Vorhangstile mit mannigfaltigen Stoffen und Texturen. Samt hat zum Beispiel einen hohen Flor und suggeriert Wärme, während Lamellen und reflektierende Metall- oder Plastikoberflächen von Jalousien kühle Effizienz versinnbildlichen. Heutzutage dienen manche Räume unterschiedlichen Funktionen auf ganz verschiedenen Ebenen. Das bedeutet, daß sie je nach Aktivität auch anders aussehen können. Die gesamte Inneneinrichtung mit allen Möbeln sollte diesen Aktivitäten auf praktischer wie dekorativer Ebene Rechnung tragen. Am wichtigsten jedoch ist, daß sie zum persönlichen Stil des Besitzers paßt – ästhetisch wie funktionell.

OBEN *Dieses Schlafzimmerfenster wird von einem Faltrollo unter einem ungefütterten Übervorhang gestaltet.*

LINKS *Die Rollos wirken wie die übrige Inneneinrichtung vertraueneinflößend und ruhig.*

OBEN *Die eklektischen Möbel in diesem Raum verlangen nach einem Vorhang, der im Design wie im Ton klassisch wirkt. Diese geraden, einfachen Vorhänge, die leicht auf dem Parkett aufstoßen, bilden einen auffallend dunklen Hintergrund für den Designertisch mit seinen Schmuckobjekten.*

OBEN *Saubere moderne Linien erfordern einfache, auf das Wesentliche beschränkte Vorhänge. Der Abschluß dieser ungefütterten Vorhänge liegt hinter einem hölzernen Schabrackenbrett, das eine optische Verbindung zu anderen Einrichtungsgegenständen aus Holz schafft, etwa zur Tür.*

Wohnzimmer

In besseren Häusern gibt es – vor allem in England – zwei Arten von Empfangsräumen: den Salon, in dem man sich mit Besuchern unterhält, und das Wohnzimmer, wo sich die Familie während der Freizeit trifft. Beiden Räumen kommt eine besondere Bedeutung zu, was ihre Einrichtung betrifft. Doch wie man diese Räume auch nennen mag, man gestaltet sie heute lockerer als in früheren Zeiten, und das sollte auch bei den Vorhängen berücksichtigt werden.

Bevor man sich auf einen bestimmten Stil festlegt, sollte man entscheiden, ob der Raum eher als Salon oder als Wohnzimmer dienen soll. Stellen Sie sich zunächst die Frage, für welche Zwecke der Raum genutzt werden soll und auch zu welchen Tageszeiten. Die Antwort auf diese Fragen hat Einfluß auf den Stil und die Wahl des Vorhangtyps.

Ist Ihr Hauptempfangsraum eher als Wohnzimmer und nicht als Salon gestaltet, dann sind klassische Vorhänge kein Muß und würden wahrscheinlich übertrieben wirken. Dient der Raum vorwiegend der Freizeit, so sollte auch die Inneneinrichtung mitsamt den Vorhängen das Flair von Erholung vermitteln. Reiche und üppige Arrangements aus Damast und Brokat wären fehl am Platz, wenn die sonstige Ausstattung eher praktisch ausgerichtet ist. Leinen- und Baumwollgewebe sorgen für ein Gefühl der Zwanglosigkeit. Sie sind auch praktischer und leichter

RECHTS, LINKS OBEN UND MITTE *Dieses Wohnzimmer wirkt zeitlos und wird noch in fünfzig Jahren so gut aussehen wie heute. Die verschiedenen Elemente harmonieren, auch die Vorhänge, deren Oberkante von einer hölzernen Zierleiste verdeckt wird. Diese geht über die ganze Fensterbreite und bildet eine Art Gesims.*

LINKS *In einer anderen Ecke des Wohnzimmers, das im Bild rechts abgebildet wurde, erkennt man, wie sich die Leiste an den Wänden entlangzieht.*

gewöhnlichen Rollo oder einem Raffrollo versehen werden. Eine andere Möglichkeit: Übervorhänge über einem in sich gemusterten Musselin oder einem anderen feinen Gardinenstoff entfernt man im Sommer, so daß nur diese Gardine unter einer Schabracke mit Schärpe zurückbleibt.

Die in viktorianischen Salons oft verwendeten Rollos und – bis zu einem gewissen Grad – auch Jalousien sind heute nicht mehr so beliebt. Dabei können sie aber eine große Wirkung in einem kleinen, aber konservativ eingerichteten Raum erzielen. Ziehen Sie eher ein weicheres Bild vor, eignen sich Faltrollos besser. Ihre rechteckigen Linien werden von den weich fallenden waagrechten Falten gemildert. Bei einzeln stehenden Fenstern sehen sie ganz besonders gut aus. Die Linien des Rollos und des Fensters lassen sich mit einem vertikalen Saum noch stärker betonen.

Wird der Raum als Salon genutzt, dann sollte man die Fenster stilvoll und großzügig dekorieren. Extravagante Vorhänge erlebten im 18. und frühen 19. Jahrhundert ihren Höhepunkt und sehen auch heute noch gut aus, wenn sie von einem Element der Einfachheit gemäßigt werden. Diese Einfachheit

gehört zum modernen Design und damit auch zur Planung einer Inneneinrichtung. Auf alle Fälle aber sollten Salons eine gewisse Entschiedenheit aufweisen. Dies kann man allein schon dadurch erreichen, daß man den Fensterrahmen in einer anderen Farbe streicht.

In der Regel sollten konventionell gestaltete Vorhänge bei aller Einfachheit einem gewissen Design gehorchen. Sie sollten fast immer bis auf den Boden reichen und einen auffälligen Abschluß oder einen Querbehang aufweisen, der auf irgendeine Weise gerafft wird. Solche Vorhänge passen jedoch nicht zu Räumen mit schlechten Proportionen oder mit sehr niedrigen Decken, auch wenn die

GEGENÜBERLIEGENDE SEITE, GANZ UNTEN LINKS *Gut proportionierte Fenster kann man mit verhältnismäßig einfachen Vorhängen verkleiden. Die breiten Streifen, die überall in der Inneneinrichtung wiederkehren, verleihen dem Raum Ruhe.*

LINKS, MITTE LINKS *Im Zimmer eines eifrigen Sammlers gibt es immer viel zu sehen. Aus diesem Grund sind die Fenster diskret verkleidet. Die Faltrollos sind gleichzeitig funktionell und subtil gestaltet.*

UNTEN *Die mit den Regalen verbundene weiße Umrandung korrigiert die Proportionen der schmalen, jedoch hohen Fenster. Auch die ganz einfachen weißen Gardinen, die an einem Spanndraht hängen, verstärken diesen Eindruck.*

Fenster wie die Vorhänge bis auf den Boden reichen. Bei der Planung sollte man darauf achten, daß dieselbe Formalität des Stils auch bei den übrigen Einrichtungsgegenständen eingehalten wird: Hängematten, mit Perlen bestickte Kissen und völkerkundliche Sammlungen gehören in einen anderen Raum des Hauses. Auch die Möbel müssen die Dimensionen des Zimmers berücksichtigen.

UNTEN MITTE *Die Fenster dieses flachen Erkers tragen ungefütterte Seidenvorhänge, die elegant auf den Boden aufstoßen. Dieselbe Eigenschaft zeigt auch das üppige Tischtuch in Fensternähe.*

UNTEN, RECHTS *Wenn der Vorhangstoff an sich so schön ist wie dieser bestickte Satin, dann sollten die Vorhänge möglichst einfach befestigt werden. Sie hängen hier an Ringen über einer antiken Vorhangstange – beide aus Messing.*

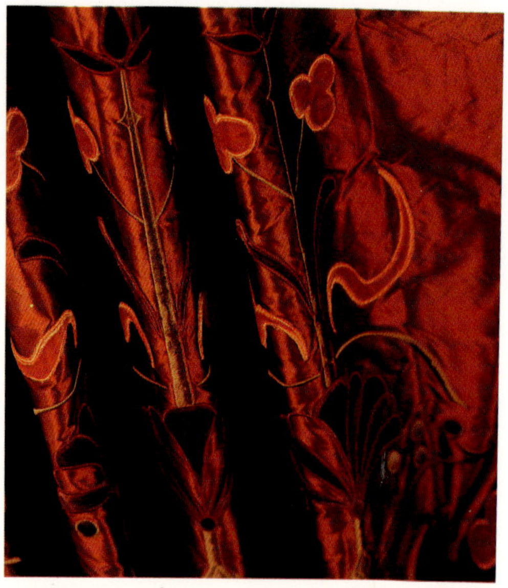

OBEN, GANZ OBEN *Klassische Vorhänge müssen nicht mit Bändern geschmückt werden. Die hier abgebildeten tragen eine weiße Borte, haben einen Fransenbesatz und wirken durchaus luxuriös.*

RECHTS *Diese auffallenden Raffgardinen sind am hohen Fenstersturz befestigt. Durch die Raffung in Fensterbretthöhe wirkt der Raum symmetrisch.*

Eßzimmer

Der Eßbereich kann zur Küche wie zum Wohnzimmer gehören. Früher besaßen fast alle Wohnungen ein eigenes Eßzimmer. Bevor man sich bei den Vorhängen für einen Stil entscheidet, sollte man jedoch überlegen, welche Art Eßzimmer man im Blick hat.

In einigen Haushalten benötigt man auch heute noch ein klassisches Eßzimmer. Dann sollte man bei der Dekoration aber nicht halbherzig vorgehen. Die Vorhänge sollten imponieren und eine Art Theatervorhang darstellen. Denn was ist eine gute Mahlzeit anderes als eine Inszenierung? So ein dramatischer Stil paßt zu fast allen Eßzimmern und Fenstern mit Ausnahme vielleicht von Räumen mit niedrigen Decken und kleinen Fenstern. Die Auswirkungen sollten jedoch subtil sein: Drama bedeutet nicht, über die Stränge zu schlagen, sondern sich selbst und seinen Stil darzustellen. Dabei kann man ohne weiteres auch zu Überraschungselementen greifen, etwa in der Farbkombination oder in unerwarteten Details.

Wenn Sie Ihr Eßzimmer nur abends benutzen, können die Vorhänge sogar richtig aufregend gestaltet sein, besonders wenn Sie häufig bei Kerzenlicht dinieren, was natürlich am wirkungsvollsten ist, um das Essen in Szene

OBEN, RECHTS *Die vielen Stoffe, die farblich und im Ton zueinander passen, erzeugen in diesem Eßzimmer eine wohnliche Atmosphäre. Die Form der Schabracke findet sich bei den Tischdecken wieder.*

LINKS, GANZ OBEN *„Reich", „warm" und „einladend" sind die Begriffe, mit denen man diesen lebendig dekorierten Raum beschreiben könnte. Vor jedem Fenster befindet sich ein Vorhang, der an einer Stange aufgehängt und von einer Kordel mit entsprechender Quaste gerafft wird.*

zu setzen. Lassen Sie die Vorhänge beispielsweise in großzügigen Falten über dem Boden gleiten. Dazu brauchen Sie allerdings fixe Vorhänge, die nie bewegt werden. Tatsächlich haben sorgsam angeordnete überlange Draperien nicht annähernd denselben künstlerischen Effekt, wenn man sie jeden Abend zuzieht. Oder nehmen Sie Vorhänge, die an der Oberkante permanent fixiert sind und in der Mitte gerafft werden. Wird der Raum nur spätabends und nachts benutzt, so ergänzt man am besten Übervorhänge durch zusätzliche Gardinen, Fensterläden oder Rollos zum Zuziehen.

Farben und Stofftypen für Räume, die nur abends belebt sind, sollten sich von denen in Räumen unterscheiden, die tagsüber benutzt werden. „Verwaschen“ wirkende Farben sind nicht die beste Wahl. Textilien, die zu viel Licht absorbieren, eignen sich ebenfalls nicht, obwohl natürlich Stoffe mit einem hohen Flor, wie etwa Samt, dem Raum einen Hauch Luxus verleihen. Insgesamt eignen sich helle, Licht reflektierende Chintze nicht so gut wie kühn gemusterte. Halb opake Stoffe erzielen weniger Wirkung als besser definierte Materialien.

Für viele Menschen kommt ein eigenes Eßzimmer jedoch gar nicht in Frage. Raummangel und ein zwangloserer Lebensstil haben zur Folge, daß viele ihren Eßbereich in der

Küche oder im Wohnzimmer haben. Die wesentlichen Anforderungen bleiben jedoch dieselben. Die Farben sollten warm und entspannend wirken, das Licht sollte diffus und weich sein.

Die Stoffwahl ist für zwanglose Eßbereiche genauso wichtig wie für klassische Eßzimmer. Bevor Sie sich für ein Blumenmuster entscheiden, überlegen Sie lieber einmal mehr, ob es zu den Möbeln und zur Tischdekoration paßt. Ihre Wahl sollte weder zu kühn noch zu subtil wirken. Einfache Farben passen am besten, vielleicht mit einem kontrastierenden Saum.

Bodenlange Jalousien können ebenfalls wirkungsvoll sein. Sie erlauben Ihnen, während des Tages unterschiedliche Lichteffekte zu erzeugen. Wenn der Raum als Wohnküche gedacht ist, kann man dasselbe Material als Rollo im Küchenbereich und als normalen Vorhang im Eßbereich verwenden.

OBEN, OBEN LINKS *Bei der Dekoration dieses faszinierenden Raumes fällt es schwer, ein Gegenstück zu den Wandbehängen mit gotischen Motiven zu finden. Doch die einfachen Vorhänge mit den schwarzen Streifen verwandeln den Raum in ein kompromißlos modernes Ambiente.*

GANZ OBEN, LINKS *Das zeitgenössische Eßzimmer mit seinen großen Farbflächen erhält durch die faltenreichen Gardinen an den Fenstern ein weicheres Aussehen. Die Schiene stellt dabei ein eigenes Gestaltungselement dar.*

GEGENÜBERLIEGENDE SEITE *In diesem Eßzimmer mit minimalistischer Dekoration erzeugen Rollos ein Gefühl der Kontinuität, weil sie dieselbe Farbe wie die Wände aufweisen.*

RECHTS *Eine komplizierte Fensterdekoration würde die atemberaubende Sicht auf die Skyline der City nur stören. Es reicht ein bodenlanger einfarbiger Vorhang, der den Blick nicht ablenkt.*

MITTE *Die Stange, an der diese Vorhänge mit Hilfe einer Kordel befestigt sind, hängt von der weißen Balkendecke herunter. So wird die Decke zu einem integrierenden Teil der gesamten Vorhangdekoration. Der Vorhang selbst fällt in weichen Falten, wodurch die sonst ziemlich rechteckige Komposition aufgebrochen wird.*

UNTEN, UNTEN RECHTS *Die Wirkung dieses Fensters wird dadurch vergrößert, daß die Vorhänge außerhalb der Laibung aufgehängt sind. Das fast nicht wahrnehmbare Dessin des leicht schimmernden Stoffes bringt Ruhe und Frieden in den Raum.*

LINKS *Eine einfache, schmucklose Ecke, die als Eßbereich genutzt wird, wirkt durch dieses Faltrollo intimer. Es ist doppelt gefüttert und sieht dadurch sehr professionell aus.*

UNTEN LINKS *Der erhöhte Eßbereich mit den eleganten Möbeln spielt die Hauptrolle in diesem nüchternen Raum. Eine derart einfache Inneneinrichtung verlangt auch nach einer zurückhaltenden, funktionellen Fenstergestaltung.*

UNTEN *Die Fensterlaibung dient als Rahmen für das breite Rollo, das sich in diesem Eßzimmer quer über das ganze Fenster zieht. Die gesäumten Seitenkanten des Rollos stimmen mit den vertikalen Linien des Fensterrahmens ziemlich genau überein.*

Küchen

Heute richtet man Küchen ganz anders ein als früher. Vor nicht allzu langer Zeit hätten Vorhänge überhaupt nicht zum nüchternen, beinahe sterilen Stil der damals modernen Küchen gepaßt. Doch heute verbringen wieder viele Menschen einen Großteil ihrer Zeit in der Küche. Sie dient ihnen auch als Aufenthaltsraum und als Eßzimmer. Vorhänge in der Küche machen auch diesen Raum gemütlich. Doch bei aller Gemütlichkeit muß man auch daran denken, daß die Küche in erster Linie der Zubereitung des Essens dient. Hygiene und Sicherheit sind deshalb von besonderer Bedeutung. Da Vorhänge in der Küche extrem schmutzig und fettig werden, drängt sich ein Stoff auf, der sich leicht reinigen läßt.

OBEN, GANZ OBEN RECHTS *Diese bodenlangen Vorhänge in einer Küche mit Eßbereich wirken keinesfalls auffällig. Sie laufen auf einer frei sichtbaren Schiene.*

RECHTS, MITTE RECHTS, GEGENÜBERLIEGENDE SEITE *Bodenlange Vorhänge mit dunklerem unteren Bereich sind hier mit einem durchscheinenden Rollo kombiniert.*

Bevor man sich für einen bestimmten Vorhang in der Küche entscheidet, sollte man sich vor Augen halten, daß dies ein vielbenutzter Arbeitsraum ist. Es wäre falsch und unpassend, zu raffinierten Vorhänge zu greifen. Jedes Dessin sollte einfach sein und klare Linien aufweisen. Caféhausvorhänge wären ideal. Sie lassen Licht herein und wahren doch die Intimität.

Rollos wiederum sind ideal für Fenster oberhalb der Spüle. Sie sehen gleichzeitig attraktiv und freundlich aus. Doch einige Rollos lassen sich nur schwer reinigen. Wenn aus diesem Grund Rollos für Sie nicht in Frage kommen, sollten Sie zu Jalousien aus Holz, Metall oder Kunststoff greifen. Sie sind einfach sauberzuhalten und passen auch besser in die Küche.

GEGENÜBERLIEGENDE SEITE *Das Interessante an diesen Vorhängen, die eher die Fensternische als die Fenster selbst verkleiden, liegt im verwendeten Material. Die sauber ausgeführten Abschlüsse des Vorhangs am Fenster und des Vorhangs vor der Spüle machen mehr her als ein allfälliges kompliziertes Gesamtdesign.*

RECHTS *Der Rolladen bewirkt, daß die einfachen, fast durchscheinenden weiß und blau karierten Vorhänge für dieses Fenster ausreichen.*

UNTEN, GANZ RECHTS *Die gestreiften Faltrollos tragen am oberen Ende eine falsche Schabracke. Der gesamte Vorhang ist über Schlaufen an einer eisernen Vorhangstange befestigt.*

Schlafzimmer

Wie jeder Raum in einem großen Haushalt hat auch das Schlafzimmer seine Funktion im Lauf der Zeit verändert. Man braucht es nicht mehr nur zum Schlafen, sondern auch um fernzusehen oder zu arbeiten. Doch jeden Abend dient es der Ruhe, und die Vorhänge sollten vor allem darauf Rücksicht nehmen.

Nicht alle Schlafzimmer sind gut proportioniert. Mehr als andere Zimmer sind sie in abseits liegenden Räumen untergebracht, etwa Mansarden oder anderen Bereichen direkt unter dem Dach. Ein einheitliches Design wirkt in diesen oft schlecht proportionierten Räumen am besten: Man nimmt dieselben Farben und Töne für Wände, Fenster und Bett und zieht die Aufmerksam-

OBEN, GANZ OBEN LINKS *Ein reich verzierter Stoff sieht am besten aus, wenn er zu beiden Seiten gerafft wird, um das zentrale Motiv zu betonen. Die Wände sind mit einer auffällig gemusterten üppigen Tapete verkleidet.*

OBEN LINKS *Diese Vorhänge wurden durch eine sogenannte Schaube direkt auf die Vorhangstange aufgefädelt und in der Mitte gerafft. Zwei Rollos halten das Licht fern.*

keit von den Konfliktbereichen wie den Ecken ab. Gemütlichkeit, nicht Grandezza, ist die gewünschte Wirkung. Deswegen ist die Wahl des Stoffes von großer Bedeutung: Die Textilien sollten isolieren und das Licht fernhalten. Man verwendet einfach oder doppelt gefütterte Vorhänge. Wenn Sie einen leichten hellen Stoff wählen, so bringen Sie darunter noch ein Rollo oder eine Jalousie an, entweder in einer klassischen oder einer ausgefalleneren Form, die möglichst viel Licht fernhält.

Im Schlafzimmer verwendet man traditionellerweise Chintz. Hier wirkt er am schönsten. Englische Chintze sind seit dem 18. Jahrhundert berühmt und waren immer wieder in Mode. Die bekannte amerikanische Inneneinrichterin Elsie de Wolfe verwendete

OBEN *Jedes der beiden hohen Fenster in diesem verschwenderisch ausgestatteten Schlafzimmer trägt einen Innenladen mit waagrechten Lamellen. Für die Dekoration sorgt je ein einzelner schalartiger Vorhang. Er ist mit Ringen an einer Metallstange befestigt. Der Wandbereich zwischen den beiden Fenstern ist mit einem hohen Spiegel verkleidet. Die Wand gegenüber am Kopfende des Bettes ist mit einem bunten Karomuster dekoriert, das die üppige Atmosphäre des Raumes verstärkt.*

sogar noch zu Beginn des 20. Jahrhunderts Chintze, obwohl sie damals allgemein abgelehnt wurden. Die besten neuen Chintze sind raffinierter gestaltet, was sie zu potentiellen Erbstücken macht. Sie passen gut zu einer traditionellen wie zu einer modernen Einrichtung. Das französische Äquivalent zum englischen Chintz ist die *Toile de Jouy*. Diese charmanten einfarbigen Baumwolldrucke werden vor einem hellen Hintergrund verwendet und stellen köstliche Hirten- oder Dorfszenen dar. Die Komplexität des Dessins wird durch die einfache Farbskala wieder ausgeglichen. Der Tradition entsprechend enthält sie verschiedene Rot- und Blautöne, bisweilen auch Grün, Braun oder Aubergine.

Früher waren die Wände im Schlafzimmer oft mit Behängen verkleidet. Sie sorgten nicht nur für etwas Wärme, sondern auch für einen einheitlichen Eindruck. Manche konnte man abnehmen, andere waren permanent fixiert. Will man einen Stoff an der Schlafzimmerwand aufhängen, empfiehlt es sich, oben und unten sowie an den Seiten einen Saum anzubringen. Dazu kann man Paspeln aus dem verwendeten Stoff oder, was interessanter aussieht, aus andersfarbigem Stoff nehmen.

Wandbehänge sehen vermutlich eher übertrieben aus. Man darf aber nicht vergessen, daß Stoffe und Vorhänge, die in anderen Räumen gewagt aussehen, im Schlafzimmer vielleicht toleriert werden können. Seidentaft in hellen Farben, figürlich gemusterte Brokate, indische Sari-Stoffe oder lustig gestreifte Stoffe sehen in Schlafzimmern wundervoll aus. Dekorative Posamenten verstärken den Eindruck, wenn man sie denn mit leichter Hand verwendet. Tatsächlich verschönern Borten und Bänder an den Kanten oder als Raffhalter die Vorhänge und erhöhen die Wirkung von Querbehängen mit Schärpen.

OBEN, LINKS *Der untere Teil der Schabracke ist gerüscht und trägt wie auch die Vorhänge einen dunkelblauen Saum.*

OBEN LINKS, OBEN MITTE *Der lose hängende Wandbehang geht direkt in die Fenstervorhänge über, die aus demselben Stoff bestehen – bis auf den Saum, der ein Streifenmuster hat. Die Vorhänge sind in der Mitte gerafft.*

GEGENÜBERLIEGENDE SEITE *Da das Bett vor dem Fenster steht, wurden die Vorhänge so gestaltet, daß sie gleichzeitig als Drapierung für das Bett und als Fensterverkleidung dienen.*

RECHTS, UNTEN RECHTS *Bei dieser interessanten und auffälligen Schabracke verwendete man das Wellenmuster des Stoffes einfach in der Horizontalen statt in der Vertikalen wie bei den Vorhängen.*

UNTEN, GANZ UNTEN RECHTS *Die üppigen Vorhänge tragen eine falsche Schabracke mit dicken Fransen. Sie ist an der Oberkante des Vorhanges und nicht an einem Brett darüber befestigt. Diese Fensterdekoration eignet sich besonders für ein dunkles Schlafzimmer, weil sie viel Licht in den Raum eindringen läßt.*

Schlafzimmervorhänge aus leichten einfachen Stoffen sehen ebenfalls wunderschön aus, etwa aus weißem oder cremefarbenem Musselin, aus figürlich gemustertem oder besticktem Batist, Voile oder Seide. Auch bodenlange Gardinen aus feinem Material sehen sehr luxuriös und weiblich aus, ohne umständlich oder übertrieben zu wirken. Hauchfeine Stoffe kann man auch als Untergardine oder hinter einer ziemlich breiten Schabracke anbringen, die auch ein Rollo verbergen kann.

Vorhangstangen, aus welchem Material auch immer, wirken gut in Schlafzimmern.

OBEN, GANZ OBEN LINKS AUF DER GEGENÜBERLIEGENDEN SEITE *Das Bett in der Mitte des Zimmers und das erkerartige Fenster mit dem Blick auf den Garten werden optisch von diesen klassisch einfachen Vorhängen mit dem schön gefältelten Abschluß betont. Die Seitenkanten der Vorhänge sind mit einem leicht exotisch angehauchten kontrastierenden Stoff betont.*

Bettvorhänge

Vorhänge im Schlafzimmer sollte man nicht isoliert sehen. Das Bett selbst stellt ebenfalls einen wichtigen Teil der textilen Einrichtung dar, egal ob mit oder ohne Bettvorhang. Solche Vorhänge haben allerdings in den vergangenen zehn Jahren an Beliebtheit gewonnen. Seit jeher ist das Schlafzimmer ein intimer Ort, der möglichst komfortabel eingerichtet sein sollte. Hier konnte man seinen Status, seinen Reichtum, aber auch seine

OBEN, LINKS, RECHTS *Dieser halbe Himmel ist an der Wand hinter dem Bett befestigt. Der Vorhang direkt an der Wand und die beiden Seitenvorhänge, die an der vergoldeten Schabracke befestigt sind, bestehen aus demselben zweifarbigen Stoff. Die seitlichen Vorhänge werden tagsüber gerafft; nachts löst man die Bänder, so daß die Vorhänge gerade herunterfallen und den Raum intimer machen. Das Bett selbst braucht nicht mehr als eine einfache Decke und mehrere weiße Kissen. Die Fenstervorhänge, die im Hintergrund sichtbar werden, sind viel einfacher als die Bettvorhänge. Ihr Muster findet sich aber auf der Unterseite des Baldachins wieder.*

Macht zur Schau stellen. Für Bettvorhänge gab man früher mehr Geld aus als für jede andere textile Einrichtung und für jedes Möbel. In der georgianischen Epoche erhob man die Vorhänge an Fenstern und Betten zu einer hohen Kunst. Auch die Menschen in der viktorianischen Epoche hielten ein undrapiertes Bett für unfertig und nackt.

Vielleicht lieben Sie Bettvorhänge überhaupt nicht, doch müssen auch Sie zugeben, daß sie die Aufmerksamkeit auf das Bett lenken. Das gilt besonders heute, da die

GANZ UNTEN LINKS *In diesem Schlafzimmer sind die beiden Betten durch Halbhimmel geschmückt. Jedes Bett hat seinen eigenen Baldachin und schmale Bettvorhänge.*

UNTEN, RECHTS, UNTEN LINKS *Dieses reich geschmückte Bett schwelgt in antiken Textilien. Sie kommen hier überall zum Einsatz. Die Straußenfedern oberhalb des Baldachins erinnern an die Betten bedeutender Persönlichkeiten des 17. Jh. Das antike Textil, das die Schabracke des Baldachins bildet, trägt ebenfalls Fransen und Quasten.*

LINKS *Die exponierten Metallstäbe dieses Himmelbetts passen gut zu den dunklen Deckenbalken. Die festen, cremefarbenen Vorhänge sind in einem ganz einfachen Stil gehalten und über Stoffschlaufen an den Stangen befestigt. Wenn man sie zuzieht, umgeben sie das ganze Bett. Nur der Himmel ist nach oben offen.*

UNTEN *Dieses freistehende Bett wurde durch Metallsäulen an allen vier Ecken in ein Himmelbett verwandelt. Oben hat man zwischen den vier Pfosten Drähte gespannt. Die hölzerne Schwere des Bettes wird auf bewundernswerte Weise von dem silbergrauen metallisch glänzenden Material der Vorhänge ausgeglichen.*

modernen Betten viel niedriger sind als in der Vergangenheit. Betten lassen sich auf verschiedene Weisen dekorieren – von einfach bis pompös. Es fällt relativ leicht, das prunkvolle Aussehen früherer Kastenbetten nachzuahmen, indem man eine Decke passend zur Größe des Bettes ausschneidet und diese faltenlos an allen Seiten bis auf den Boden herabfallen läßt. Wer Platz hat, stattet Bettvorhänge mit einer geraden Schabracke aus, deren Ausmaß zur Breite der Bettdecke in einem bestimmten Verhältnis stehen muß.

Schwere Vorhänge wie Tapisserien oder Damaste, Woll- und Leinenstoffe, eignen sich dafür am besten. Um denselben Effekt in

LINKS *Ein Bett in einem Alkoven eignet sich gut für eine üppige Dekoration. Die Stoffe werden am Kopf- und am Fußende zwanglos drapiert.*

RECHTS *Dieses moderne Bett mit den vier Pfosten an den Ecken, aber ohne Himmel, wirkt sehr stark in dem hohen Raum. Die Vorhänge sind aus einem auffälligen Stoff und fallen lose auf den Boden. Sie bilden mit dem Wanddesign eine Einheit.*

UNTEN *Die weiß gestrichenen Balken in diesem Zimmer finden ihre Entsprechung in den weißen Stangen dieses Himmelbettes. Vervollständigt wird die schlichte Gestaltung durch ungefütterte weiße Vorhänge, die mit einfachen Schlaufen an den Querstangen befestigt sind.*

einem kleinen Raum zu erreichen, muß man das Bett in einen Alkoven verlegen, so daß die Wände als Bettkasten dienen. Eine Vorhangstange aus Messing oder Holz verläuft dann über dem Sturz des Alkovens und trägt die Vorhänge.

In den Schlafzimmern des 17. und 18. Jahrhunderts paßten die Bett- und Fenstervorhänge oft genau zusammen. Selbst die Schabracken der Himmelbetten stimmten mit den Schabracken an den Fenstern überein. Heute lehnt man eine solche Üppigkeit in der Regel als zu exzessiv ab – vielleicht mit Ausnahme ganz konservativer Schlafzimmer. Wenn die Fenstervorhänge besonders kompliziert sind,

sollten die Bettvorhänge um so einfacher sein und umgekehrt. Wenn Sie sich aber zu Vorhängen um das ganze Bett herum entscheiden, so sollten sie auf irgendeine Weise das gesamte Design des Schlafzimmers widerspiegeln. Fenster- und Bettvorhänge müssen nicht dieselben sein. Doch da das Auge immer von einem zum andern wandert, sollte man ein verbindendes Element einführen. Die Dekoration des Fensters sollte man dabei eher ergänzen als nur einfach zu wiederholen. Natürlich ist ein verbindendes Element notwendig, vielleicht aber eher in der Farbe als im Stil, eher im Stoffmuster als bei den Posamenten.

Gegen Ende des 19. Jahrhunderts führte der technische Fortschritt dazu, daß röhrenförmige Metallgestelle die hölzernen Bettpfosten mit ihren schweren Behängen ersetzten. Anstelle von Vorhängen, die das Bett umgaben, hatten die neuen metallischen Bettgestelle oft Stäbe oder Stangen, die sich am Kopfende des Bettes befanden. An jeder Stange war ein kleiner Vorhang aus geeignetem, leicht waschbarem Stoff befestigt, der als Schirm diente. Später machte die Entwicklung der Gasheizung die früheren isolierenden Vorhänge überflüssig, und viele Jahre lang blieb das Bett wie zum Trotz ganz ohne Schmuck.

OBEN *Man kann sich kaum eine einfachere Lösung als diesen Baldachin vorstellen, der an eine schattenspendende Zeltplane erinnert. Der Stoff ist an einer Stange an der Wand befestigt und fällt über eine weitere Stange über dem Fußende des Bettes.*

GANZ OBEN LINKS *Der luftige Baldachin erinnert an ein großes Moskitonetz. Er wird von einem Bambus gehalten.*

OBEN LINKS *Der hauchfeine Vorhang verläuft an der Längsseite und wird an der Wand gerafft.*

RECHTS *Das Bett in diesem einfachen Raum erhält zusätzliche Bedeutung durch den einfach drapierten Querbehang am Kopfende.*

Erst im letzten Jahrzehnt begeisterte man sich erneut für die Kunst der Bettvorhänge. Glücklicherweise ist die Gestaltung aber nicht mehr so kompliziert wie in der Vergangenheit. Am einfachsten sind Bettvorhänge, die locker von Vorhangstangen an der Zimmerdecke herabhängen. Sie fallen entweder elegant auf den Boden oder bilden einen zeltähnlichen Baldachin oder Betthimmel. Solche Vorhänge sollten auch ungefüttert sein, um zwanglos zu wirken. Kein Material ist zu einfach für diese Art: Musselin, Baumwollstoffe, Seidenfutter und ungefärbtes Leinen passen sehr gut. Die Vorhänge werden gesäumt.

Tatsächlich kommen luftige, fast frivole Gestaltungsformen des Bettes in Mode. Wie im 18. Jahrhundert lehnt man das Bett an die Wand und bringt darüber einen Kronenbaldachin oder einen gebogenen Eisenstab an. Von diesem zentralen Punkt aus drapiert man die Vorhänge, die das gesamte Bett umgeben. Ein solches Baldachinbett oder *Lit à la polonaise* gibt es in vielen weiteren modischen Versionen. Man kann auch eine Art Krone oder Kranz über dem Kopfende befestigen und mit Stoff versehen, der auf einer Seite üppig herabfällt.

Ein solches Baldachinbett sieht natürlich sehr feminin aus, doch sollte man Weiblichkeit nicht mit übermäßigem Zierat verwechseln. Wenn Sie eine Vorliebe für Rüschen und Volants haben und diese an den Säumen des Bettvorhangs oder der Unterkante der Schabracke anbringen wollen, so sollten Sie bei den anderen Designelementen auf Einfachheit und Zurückhaltung achten.

Ein Bett mit Draperien oder Vorhängen muß aber nicht zwangsläufig feminin wirken. Man kann auch männlich-herbe oder gar streng wirkgende Vorhänge anbringen. Ein Himmelbett eignet sich besonders gut, da rechteckige Formen immer männlicher wirken als runde.

Badezimmer

Das Badezimmer hat sich in den vergangenen fünfzig Jahren stark gewandelt. Einst eine ganz praktische Einrichtung, ist es heute auch ein Ort der Erholung und des Vergnügens. Auch wenn die Fenster oft aus Milchglas bestehen, sollte man sie mit Vorhängen oder Rollos verkleiden.

Die meisten Badezimmer müssen den ganzen Tag über, nicht nur nachts, nach außen abgeschirmt sein, und Gardinen sind dafür ideal. Sie können bis auf den Boden reichen und wie schwerere Vorhänge geschnitten sein.

OBEN, GANZ OBEN *Da die Badezimmerausrüstung mit all ihren Möbeln so viel Platz einnimmt, sind einfache Vorhänge, die sich leicht bewegen lassen, weitaus am besten. Diese hier sind dicht gerafft und hängen von einer schmalen Metallstange, die am Fenstersturz befestigt ist.*

LINKS *Der schicke Plastikvorhang umgibt diese Badewanne wie einen Kokon. Mit dem schwarz geränderten kreisrunden Wandspiegel hinter der Badewanne erinnert das ganze Arrangement an ein Gemälde von Mondrian.*

OBEN *Der auffallende, schwarzweiße Duschvorhang hängt nicht an einer der üblichen teleskopartigen Vorhangschienen, sondern an einem feinen Spanndraht. Er sieht dadurch aus, als würde er frei im Raum hängen.*

GANZ OBEN *Der schmale Eingang zu einer Dusche besteht aus aparten Glaslamellen.*

RECHTS *Dieses „Himmelbad" ist von einem Rahmen umgeben, an dem zwei Vorhänge hängen – ein witzig-naives Arrangement.*

Es sind aber auch halbhohe, Caféhaus-ähnliche Gardinen möglich. Auch eine unübliche Kombination wäre denkbar: ein Rollo aus einem steiferen Material wie Voile oder Gaze und darüber ein zweites Rollo, das nur in der Nacht verwendet wird, um die Intimität zu wahren.

Auch die Badewanne kann man mit Vorhängen umhüllen. Steht sie an der Wand, so befestigt man eine Stange an der Decke über dem Außenrand und bringt einen Vorhang in größtmöglicher Entfernung von den Wasserhähnen an. Bei einer Badewanne mit Dusche verbergen Stoffvorhänge die sonst eher

OBEN *Dieses boudoirähnliche Badezimmer sieht sehr gemütlich aus.*

GANZ OBEN RECHTS *Ein modernes Badezimmer mit Vorhängen.*

MITTE RECHTS *Der dicke schwere Vorhang verleiht der Dusche eine sehr üppige Atmosphäre.*

RECHTS *Der Fenstervorhang in diesem Badezimmer zeigt ein Fischmuster.*

häßlichen Vorhänge aus Plastik. Steht die Badewanne frei im Raum, so befestigt man eine Krone an der Decke und drapiert ein Paar Vorhänge wie ein Turnierzelt.

Vorhänge und Rollos bringen Wärme und Stil in ein Badezimmer und bilden einen angenehmen Kontrast zu den unvermeidlichen hellen, spiegelnden Oberflächen. Wie in der Küche sollte man auch für das Badezimmer leichte, waschbare Textilien verwenden.

OBEN, GANZ OBEN *In dieser kleinen Toilette stellt der interessante Vorhang eine Verbindung zwischen Funktionalität und Dekoration her. Das Rollo ist aus Stoffstreifen geflochten. Es ist die perfekte Wahl für ein Badezimmer, denn es sorgt gegebenenfalls für die gewünschte Intimität.*

LINKS *Die straff gespannte, bedruckte Gardine ist in Caféhausart montiert und scheint über der Badewanne zu schweben.*

Rollos und Gardinen

ROLLOS UND GARDINEN

Rollos spielen bei der Fenstergestaltung eine große Rolle. Sie halten Licht und Luftzug fern und können unter dekorativen Übervorhängen verschwinden. Andererseits kann man mit ihnen auch die Fensterdekoration vervollständigen. Wenn man Rollos und Jalousien allein verwendet, suggerieren sie eine gewisse stromlinienförmige Modernität. Eine ganz eigene Existenzberechtigung haben sie in Küchen oder Badezimmern, wo die Stoffmengen gewöhnlicher Vorhänge unpraktisch oder sogar gefährlich wären. Rollos kann man auch anderswo im Haus anbringen, zum Beispiel als Alternative zu Schrank- oder Garderobentüren, vor Regalen in der Küche oder im Badezimmer oder gar als zwanglose Raumteiler im Wohnzimmer.

Die Idee eines Vorhangs, der Licht hindurchläßt, ist keinesfalls neu. Deswegen waren die Gardinen in den letzten 200 Jahren immer wieder beliebt. Heute ist die Auswahl schier endlos, sowohl was die verwendeten Textilfasern, die Webart, Gewicht, Farbe und Musterung anbelangt. Es gibt für jeden Zweck und jede Situation die perfekte Gardine.

GANZ OBEN LINKS *Die Vorhänge spielen hier eine Doppelrolle: Sie bedecken das Fenster und erzeugen an der Wand die Illusion eines größeren Raumes.*

MITTE LINKS *Dieses grobmaschige Gewebe ist am Fensterrahmen befestigt und bildet einen Dauerschutz nach außen.*

LINKS *Rollos aus Bambusspleißen sind sehr anpassungsfähig und können bei kompliziert gestalteten Fenstern eingesetzt werden. Hier verkleiden sie auch das Oberlicht.*

RECHTS *Bei echten Jalousien kann man den Neigungswinkel der Latten verstellen. Sie geben dem Raum bei Bedarf die nötige Intimität.*

Springrollos

Den Stoff für die Springrollos muß man sorgfältig aussuchen. Viele Textilien müssen vorher gestärkt werden, damit sie sich leicht aufrollen lassen. Nicht alle Stoffe eignen sich dafür, obwohl man bei der Appreturtechnik große Fortschritte gemacht hat, so daß man sogar feinen Stoffen und Spitzen genügend Körper verleihen kann, um sie aufzurollen. Mit Rollos korrigiert man erfolgreich falsche Größenverhältnisse bei den Fensterproportionen. Mit mehreren Rollos lockert man die einheitlichen Glasflächen breiter Fensterfronten optisch auf. Die meisten Rollos kann man in beliebiger Höhe arretieren. Dies geschieht durch eine eingebaute Sperrklinke.

Vorsicht ist angebracht, wenn Sie ein Rollo an einem kleinen Fenster anbringen möchten. Achten Sie darauf, daß zwischen dem Rollo und dem Fensterrahmen keine lichtdurchlässige Lücke bestehen bleibt. In Räumen mit schrägen Fenstern sind Rollos oft die einzige Lösung, weil man sie an der Unterseite am

GEGENÜBERLIEGENDE SEITE *Zwei sehr große Rollos auf unterschiedlicher Höhe gestalten und gliedern die beiden Glasfronten.*

UNTEN LINKS *Dieses durchscheinende weiße Rollo trägt viel zur Atmosphäre in diesem Raum bei.*

GANZ UNTEN LINKS *Mit übergroßen Rollos verkleidet man hier Schiebetüren aus Glas.*

UNTEN *Um zu verhindern, daß der Fenstersturz optisch verschwindet, zieht man hier die Rollos von unten nach oben.*

GANZ LINKS *Die Glastüren in diesem Badezimmer haben halbhohe Falttüren. Die natürliche Farbe des Holzes paßt vorzüglich zum Rollo aus Bambusspleißen. Durch die Kombination von Rollo und Falttüren erzeugt man ein Gefühl der Sicherheit und Intimität.*

LINKS, UNTEN *Rollos müssen nicht aus konventionellen Materialien bestehen. In diesem holzgetäfelten Raum wurde das Rollo aus einem rauhen, hanfähnlichen Material gearbeitet. Das Licht kann hindurchdringen und erzeugt gleichzeitig ein attraktives Muster. Die Ränder des Rollos sind mit einem weißen Stoff eingefaßt, der zusätzlich zur Stabilität beiträgt. Das Rollo zieht man an einem Seil in der Mitte hoch.*

Fensterrahmen verankern kann, so daß sie nicht senkrecht herabhängen, wenn sie heruntergezogen sind.

Die Stoffart für ein Rollo muß sorgfältig gewählt werden. Ungemusterte, gestreifte oder karierte Stoffe machen mehr her als abstrakte und florale Muster, die oft nicht zu den vertikalen Linien des Rollos passen. Bei einem floralen oder figürlichen Dessin verankert man das Rollo optisch, indem man es mit einem Saum versieht, der eine der Farben im Muster wieder aufnimmt. Man kann die Unterkante des Rollos auch zusätzlich gestalten, um etwas Bewegung einzubringen.

OBEN *Diese durchscheinenden, sehr zurückhaltenden Rollos betonen die klassischen Proportionen des Raumes.*

LINKS *Ein einfaches Rollo kann originell aussehen und Ihren persönlichen Geschmack widerspiegeln, wenn Sie unten einen Saum oder eine andere phantasievolle Dekoration anbringen. Von oben nach unten: eine aufgenähte Borte mit einem Mäandermuster; in Messingösen sind Haken befestigt, die facettierte bunte Steine tragen; wenn diese sich bewegen, werfen sie bunte Lichtreflexe in den Raum; Posamenten wie diese Fransen an einer Borte wirken ebenfalls sehr lebhaft. Solche Dekorationen ergänzen die restliche textile Raumausstattung.*

Faltrollos

Faltrollos sehen raffinierter und oft auch klassischer als echte Rollos aus. Man begegnete ihnen früher allerdings nicht so häufig wie den Raffrollos, wahrscheinlich weil man sie bei großen Fenstern für ungeeignet hielt. Dennoch waren Faltrollos in England im 18. Jahrhundert und sogar früher sehr beliebt. Wenn man sie hochzieht, entstehen mehrere horizontale Stoffalten. In völlig heruntergezogenem Zustand liegt das Faltrollo flach dem Fenster an. Faltrollos ziehen vor allem dann den Blick an, wenn man sie so montiert, daß der umgebende Fensterrahmen mit Sturz und Laibung zu sehen ist. Bei einem Fenster mit Innenläden hingegen erlaubt ein Faltrollo, das über dem Fenster befestigt ist, daß Fenster und Läden sichtbar bleiben, und sorgt heruntergelassen für eine zusätzliche Isolierung.

Das Gewebe, aus dem man Faltrollos herstellt, braucht im allgemeinen nicht gestärkt zu werden. Wenn diese Rollos im Schlafzimmer oder einem anderen Raum hängen, wo sie Licht abhalten sollen, muß man sie füttern wie normale Vorhänge. Das gilt natürlich nicht für Faltrollos aus lichtdurchlässigen Stoffen, denn diese haben ja gerade die Aufgabe, das Licht in einem modernen Raum zu zerstreuen, in dem bodenlange Vorhänge unpassend aussähen.

Faltrollos betonen die vertikale Linie hoher schmaler Fenster und liefern oft auch eine Lösung für das schwierige Problem, vor

UNTEN LINKS, GANZ UNTEN *Ein Raum, der derart bescheiden und klassisch eingerichtet ist, mit simplen Möbeln und Textilien, erträgt bei der Fenstergestaltung auch nur die schlichtesten Formen. Das Faltrollo aus einem warmen gelben Stoff hat nur an der Unterkante eine Zickzackverzierung. Sie vervollständigt die Symmetrie und Präzision, die in diesem Raum herrschen.*

UNTEN, GEGENÜBERLIEGENDE SEITE *Dieses Faltrollo stellt ein besonders gutes Beispiel für eine traditionelle Fenstergestaltung im modernen Gewand dar. Das Design ist klassisch, ebenso die einfache Posamentierarbeit an der Unterkante. So entsteht der Eindruck einer schlichten Modernität. Diesen Effekt verstärken die Leisten an der Fenstereinfassung, die den Rahmen bilden für dieses natürlich aussehende textile Bild.*

das ein bogenförmiges Fenster den Inneneinrichter stellt. Man kann das Rollo nämlich dem bogenförmigen Abschluß des Fensters in der Form anpassen und entsprechend zuschneiden.

Im Vergleich zu Vorhängen verkörpern Faltrollos sozusagen ein minimalistisches Konzept. Etwas mehr Charakter erhalten sie, wenn man sie unter einer Schabracke oder einer Zierleiste befestigt. Entsprechende Bretter kann man sich leicht selbst mit einer elektrischen Laubsäge zuschneiden und ihnen die Form von spitzen oder runden Bogen, Zacken und Zinnen verleihen. Diese Bretter verkleidet man dann mit einem Material, das zu dem des Faltrollos einen Kontrast bildet, oder man streicht sie einfarbig an und dekoriert sie eventuell mit ausgeschnittenen, goldenen und silbernen Sternen, Sonnen und Monden oder appliziert irgendwelche Beschläge. Man kann die hölzerne Schabracke auch mit einer Randverzierung aus Papier versehen.

Faltrollos wirken voller als Springrollos und sehen somit gut an Erkerfenstern aus, besonders, wenn man sie in unterschiedlicher

LINKS, OBEN *Die Gestaltung von Faltrollos kann man sehr wohl der Umgebung anpassen. Die Falten dieses Rollos am breiten Fenster wirken sehr lebendig und lockern den sonst etwas strengen Raum mit den dominierenden Vertikalen einigermaßen auf.*

RECHTS, GANZ OBEN *Das breite Faltrollo besteht aus blaugrauer Seide. Sie eignet sich besonders gut, weil die delikate Textur des Gewebes deutlich wird, wenn das Licht hindurchfällt. So entsteht im Raum eine ruhige Atmosphäre. Mit einem derart luxuriösen Material wertet man natürlich diese an sich einfache Fenstergestaltung auf.*

OBEN *Dieses Doppelflügelfenster mit Sprossen wird mit zwei Faltrollos verkleidet. Die unterschiedlichen Höhen werden durch die starken vertikalen Linien im Stoff akzentuiert.*

LINKS, GANZ OBEN *Wenn man lockere, hauchfeine Gewebe für Faltrollos nimmt, erhält man natürlich ein anderes Ergebnis als bei fest gewebten Stoffen. Die losen Falten und die Knicke im Gewebe verströmen einen zwanglosen Charme.*

OBEN *Eine ideale Lösung für schräge Fenster sind Faltrollos: Die breiten Streifen passen viel besser als ein florales Muster oder ein einfarbiger Stoff.*

GANZ OBEN *Eine Sitzgelegenheit am Fenster verlangt nach einer einfachen Dekoration.*

OBEN RECHTS *Das Oberlicht in diesem Schlafzimmer ist mit einem Faltrollo verkleidet, dessen große Falten senkrecht hängen.*

Höhe einstellt. Auch für Faltrollos gilt: Breiten Fensterfronten aus mehreren Glasscheiben verleihen sie Charakter. Man kann dazu sogar zu ganz besonderen Stoffen greifen und Rollos in unterschiedlichen Breiten anbringen und sie auf unterschiedliche Höhen hängen.

Man füttert Faltrollos, wenn sie die Aufgabe haben, das Licht fernzuhalten, oder um dem Stoff eine gewisse Steifheit zu verleihen. Durch ungefütterten Stoff scheint das Licht hindurch, was andererseits aber auch einen sehr hübschen Effekt erzeugt.

Faltrollos und ganz allgemein alle Rollos sind ideal für unzugängliche Fenster. Befindet sich das Fenster in einer Ecke oder steht es schräg, so wirken Rollos aus einem sehr leichten Material am besten. Natürlich muß

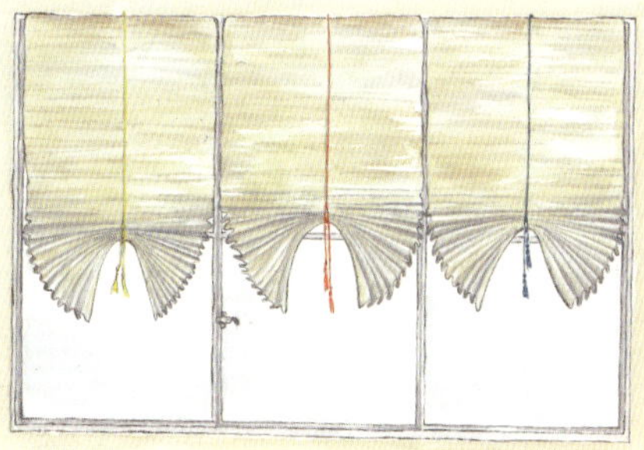

OBEN *Diese Faltrollos werden nur in der Mitte gerafft, so daß die Falten fächerartig nach unten fallen. Die verschiedenen Farben der senkrechten Schnüre wirken besonders attraktiv.*

LINKS, GANZ OBEN *Das breite Fensterbrett bietet viel Platz für Fotos, für die ein Faltrollo der beste Hintergrund ist. Da sich das Fenster nicht in der Mitte des Raumes befindet, wurde ein einziger Übervorhang an einer Stange an der Wand befestigt, um die Raumproportionen zu verbessern.*

LINKS *Die verglasten Türen in dem lichterfüllten Eßzimmer sind mit ungefütterten Faltrollos verkleidet. Der Stoff wirkt sehr delikat und wie von Hand bemalt. Der karierte Saum bildet einen starken Kontrast zu den zarten Zeichnungen auf dem Stoff, die sich in der Wandtapete wiederfinden. Man hat das Gefühl, im Freien zu sitzen.*

die Unterkante des Rollos irgendwo in der Nähe des Fensterbrettes befestigt werden.

Rollos kann man natürlich auch zusammen mit ein paar Vorhängen einsetzen. Einfachheit ist hier der wichtigste Grundsatz. Um eine Verbindung zwischen den verschiedenen Elementen zu schaffen, empfiehlt es sich, das Faltrollo mit dem Stoff der Übervorhänge zu säumen – oder umgekehrt.

OBEN *Ein breites Fenster sieht mit einem streng geschnittenen Faltrollo viel besser aus als mit einem Paar üppiger, schwerer Vorhänge.*

LINKS, OBEN LINKS *Fenster mit unterschiedlicher Größe, die vom Boden bis nahe an die Decke reichen und die teilweise noch von Säulen verdeckt werden, muß man einheitlich gestalten. Diese Faltrollos mit abstraktem Dessin machen die langweiligen Fenster ganz interessant.*

Jalousien

Die ersten Jalousien bestanden aus schmalen Holzlatten. Im 18. Jahrhundert waren sie unter der Bezeichnung *Jalousies à la persienne* bekannt. Wie schon der Name sagt, liegt ihr Ursprung in eher warmen Ländern. Jalousien hatten ursprünglich die Aufgabe, die Sonnenstrahlen fernzuhalten und gleichzeitig kühlenden Windhauch durchzulassen. In unserem Jahrhundert bestanden die ersten Jalousien aus breiten Kunststoff- oder Metallamellen und galten als saubere, moderne Alternativen zu Vorhängen.

RECHTS *Bei dieser eigentümlichen Fenstergestaltung ist eine einfache weiße Jalousie mit einer Schabracke kombiniert, die im wesentlichen aus einer ganz klassischen Fransenborte besteht.*

UNTEN RECHTS *Die wunderschönen Fenstertüren führen zum Balkon eines Stadthauses und sind mit Jalousien verkleidet. Diese befinden sich innerhalb der Fensterrahmen, so daß sie den Türmechanismus nicht beeinträchtigen. Bei geöffneten Türen kann man am Leben auf der Straße teilnehmen.*

UNTEN *Weiße Fensterläden mit Lamellen sind ideal, um Luft und Licht in dieses Sommerhaus eindringen zu lassen.*

Heute gibt es Jalousien in allen erdenklichen Werkstoffen, Farben und Lamellenbreiten. Die Lamellen sind über Schnüre oder Gewebestreifen miteinander verbunden, die in erheblichem Farbkontrast zu den Lamellen stehen können. Ein solcher Farbkontrast im Zusammenhang mit Kunststoff- oder Metalllamellen kann eine starke Wirkung erzeugen.

Jalousien kann man auch als Raumteiler verwenden, etwa bei einem Wintergarten. Es spielt dabei kaum eine Rolle, ob man unbehandeltes, gebeiztes oder lackiertes Holz verwendet. Jalousien aus schmalen Lamellen sind ideal für Badezimmer und Küchen.

OBEN, GANZ OBEN LINKS *Die beiden Fenstertüren sind mit Lamellen verkleidet – die ideale Lösung für bodenlange Fenster, die zu einem Innenhof oder Garten führen.*

LINKS, OBEN LINKS *Unlackierte Jalousien aus Holzlamellen, die von Streifen aus grobem Sackleinen bewegt werden, erzeugen ein Gefühl der Wärme und Natürlichkeit in diesem raffiniert eingerichteten Ambiente.*

Gardinen

Gardinen passen eigentlich zu allen Fenstertypen, weil sie das Tageslicht hindurchscheinen lassen und es gleichzeitig filtern und zerstreuen. Man kann sie allein verwenden oder zusammen mit Übervorhängen aus schwereren Stoffen. Besonders gut sehen sie mit Damast oder Wollstoffen aus. Eine der besten Designerinnen moderner Gardinen, Celia Birtwell, bringt gelegentlich Gardinen über – und nicht unter – schwereren Vorhängen an. Diese wirken ganz besonders, wenn man sie durch dünne Gardinen hindurch betrachtet.

OBEN, UNTEN *Die durchscheinenden Raffrollos aus Leinenstoff ähneln großen Taschentüchern. Das unstrukturierte Gewebe steht im Gegensatz zum geometrischen Design des Raumes.*

LINKS *Der transparente Vorhang wirkt wie ein mysteriöser Eingang. Er führt zwischen den beiden Bücherregalen zu einem Erker.*

GEGENÜBERLIEGENDE SEITE OBEN LINKS *Diese einfache Gardine erhält durch die originelle Vorhangstange und die daran befestigte Quaste ein besonderes Gewicht.*

GEGENÜBERLIEGENDE SEITE UNTEN, OBEN RECHTS *Eine besondere Wirkung wird hier erzeugt, indem die Gardine wie ein schwerer Vorhang gehandhabt wird. Die Gardinen sind gerafft, so daß sich die Türen leicht öffnen lassen.*

Gardinen gibt es in den unterschiedlichsten Webarten und Textilfasern von Voile bis Gaze. Die Dessins können völlig abstrakt sein oder aus Sternen, Blüten und sogar stilisierten Tieren bestehen. Solche Gardinen machen sich gut als Übervorhänge vor schlichten Rollos.

Gardinen können – man glaubt es kaum – einen Höhepunkt von Luxus darstellen. Lange

OBEN, UNTEN RECHTS *Die breite Fensterfront ist mit einer in sich gemusterten Gardine verkleidet. Der rüschenartige Abschluß besteht aus demselben Material. Wenn man die Vorhänge frei fallen läßt, wirken die Abschlüsse wie ein zarter Lambrequin.*

GANZ OBEN RECHTS, MITTE RECHTS *Unter dem Lambrequin sind zwei Laufschienen befestigt, die eine für eine durchgehende Gardine, die andere für einen schwereren Übervorhang aus graublauem Stoff.*

RECHTS *Dieser Raum ist gleichzeitig Wohnzimmer und Fitneßstudio. Die Gardinen, die an extra langen Bändern befestigt sind, lockern den doch sehr streng wirkenden, kühlen und wenig einladenden Raum etwas auf.*

Musselingardinen, die von einer vergoldeten Vorhangstange oder hinter einem vergoldeten Lambrequin herabhängen, sehen äußerst opulent aus. In vermehrtem Maße gilt das für Spitzengardinen, seien sie nun von Hand geklöppelt oder maschinengefertigt. Solche Stoffe erleben zur Zeit eine Renaissance. Wer antike Spitzen verwenden will, braucht keine Angst zu haben, verschiedene Stoffe miteinander zu kombinieren. Sie sollten nur nicht direkt als Paar aufgehängt werden. Man rafft sie in unterschiedlicher Höhe oder verwendet den einen Stoff als frei herabfallenden Vorhang, den anderen als Querbehang mit Schärpe.

RECHTS, MITTE *Ganz einfache weiße Gardinen wirken zeitlos. Man braucht dazu auch keine komplizierte Aufhängung. Es reicht völlig aus, sie mit Hilfe von Metallringen an einer alten vergoldeten Stange zu befestigen. Der breite Saum dient dabei als optisches Gegengewicht.*

UNTEN *Diese Gardinen sollen überhaupt nicht geschlossen werden. Sie werden auf raffinierte, geometrische Weise gerafft. Die dreieckige Form der Gardinen findet sich in der Form des Lampenschirms über dem Bett wieder.*

OBEN *Diese Gardinen wirken trotz ihres extravaganten Blumenmusters in der richtigen Umgebung sehr zart. Wichtig ist, daß das Licht durch sie hindurchscheint, so daß die deliakten Pastellfarben und das feine Muster deutlich werden.*

OBEN, RECHTS *Antike Textilien hängt man mit Hilfe von Metallklammern auf, wenn man sie nicht beschädigen will. Die Klammern können an großen Ringen befestigt werden, die auf eine farblich passende Vorhangstange aufgezogen werden.*

Details

DETAILS

Vorhänge sind ein besonders wichtiger Teil der gesamten Inneneinrichtung. Sie ziehen die Aufmerksamkeit sofort auf sich und gehören zu den ersten Einrichtungsobjekten, die der Besucher kommentiert. Ein Sofa beispielsweise muß schrecklich oder einzigartig schön aussehen, damit es überhaupt erwähnt wird. Doch fast alle Menschen äußern eine Meinung über Vorhänge. Vorhänge und Rollos kann man durch dekorative Details erheblich in ihrer Wirkung verstärken. Dadurch wird das gesamte Design betont. Solche Details können ganz simpler Natur sein, zum Beispiel Borten, Bänder, eine Quaste oder aufmerksam verzierte Enden einer Vorhangstange. Wie die Wahl auch ausfällt, jedes Detail muß sorgfältig angebracht werden. Der gesamte Effekt eines wundervollen Vorhangs wird von unangebrachten Fransen oder einem schlecht genähten Raffband ruiniert. Dabei darf man die notwendigen Details aber nicht mit Schnickschnack verwechseln. Die meisten Details verstärken die gesamte Vorhanggestaltung. Sie müssen in sich schön sein und die Schönheit des Vorhangs und des gesamten Raumes akzentuieren.

GANZ OBEN LINKS *Das Stoffstück erscheint wie zufällig über die Vorhangstange geworfen. Doch die Gestaltung wurde sorgfältig bedacht: Die Kontraste bei den Texturen und das zentrale Band lenken die Aufmerksamkeit auf das Fenster.*

MITTE LINKS *Dieses vorhanglose Fenster trägt eine Schabracke mit langen Spitzen. Die schwarze Stange mit den Ösen bildet dazu einen Kontrast.*

LINKS *Bei diesem Rollo bilden die Streifen des blauen Stoffes einen hübschen Gegensatz zur Struktur des einfachen Gewebes in der Mitte. Das Rollo ist mit Messinghaken am Fenstersturz befestigt.*

RECHTS *Vor dem dunklen Holzrahmen dieses Fensters sind die Vorhänge mit weißen Kordeln an Ringen befestigt. Jede Kordel ist zwanglos gebunden, was die Einfachheit des Vorhangs noch verstärkt.*

Vorhangschienen und Vorhangstangen

Vorhänge mit einem Abschluß, aber ohne Fallblatt oder Schabracke, hängt man meist an Stangen auf. Für alle anderen Vorhänge verwendet man Laufschienen aus Kunststoff oder Metall. Diese verbirgt man hinter einer Blende oder einer Schabracke. Als Alternative zu einer breiten dekorativen Holzblende kann man eine schmale Leiste verwenden, die man mit dem Vorhangstoff verkleidet. Die Lage der Vorhangschiene ist wichtig. Man befestigt sie entweder am Fenstersturz selbst oder im „toten" Raum zwischen dem Fenstersturz und der Decke. Die Entscheidung hängt davon ab, wie breit und wie aufwendig der Vorhangabschluß ist.

Laufschienen haben als einzige Aufgabe die Funktionalität. Schönheit spielt keine Rolle. Man kauft sie als fertige Garnitur oder paßt ihre Größe individuell der des Fensters an. Doppelte Laufkanäle ermöglichen es, ein Paar Vorhänge über den Gardinen zu befestigen. Viele billige Vorhangschienen bestehen aus Kunststoff. Diese sind aber oft zu biegsam und zu schwach, um Vorhänge aus schwerem

GANZ OBEN LINKS *Dieser Vorhang für Ecklösungen läuft in einer speziellen gebogenen Schiene.*

LINKS, ZWEITES BILD VON OBEN *Das moderne Aussehen dieses Vorhangs entsteht durch den blaugrauen Saum und die Knöpfe auf den Falten.*

LINKS, ZWEITES BILD VON UNTEN *Ein gesmokter Abschluß sieht weicher und zwangloser aus als ein gefältelter.*

LINKS *Weit voneinander entfernte Dreifachfalten sehen fast wie zufällig aus.*

MITTE RECHTS *Eine hölzerne Blende reicht als Schmuck für diesen Vorhang vollständig aus.*

RECHTS *Vor dem Rollo befindet sich ein Vorhang, der auf einer großen T-Schiene läuft.*

Material tragen zu können. In einem solchen Fall sollte man Metallschienen vorziehen.

Viele Vorhanggarnituren haben auch Zugeinrichtungen, die das Zuziehen des Vorhangs erleichtern. Ihre Anschaffung lohnt sich, weil sie Mühe sparen und die Vorhänge länger halten. Schleuderstäbe zum Zuziehen der Vorhänge gibt es auch für leichtere Stoffe oder Gardinenstoffe. Sie bestehen oft aus glasklarem Kunststoff.

Während man Querbehänge mit Schärpen bisweilen als zu feminin betrachtet, haben Vorhangstangen und ihre Enden einen ent-

LINKS *Der wunderschöne Stuckfries duldet neben sich nur eine einfache Vorhangstange aus Metall. Die schlichten Vorhänge sind ein willkommener Kontrast zur fein ausgearbeiteten Stuckdecke.*

GANZ UNTEN LINKS *Der gesteppte Stoff sieht aus, als sei er auf der falschen Seite befestigt. Er hängt von einer Vorhangstange mit einer Innenlaufrinne.*

UNTEN, MITTE LINKS *Die Vorhangstange und der Raffhalter aus Messing sowie die einfachen Ösen verstärken das reiche Dessin des Stoffes und die gesamte Wirkung dieses komfortablen Eßzimmers.*

LINKS *Den oberen Abschluß dieser in der Mitte fest fixierten Vorhänge bildet eine sogenannte Schaube, durch die die Vorhangstange mit ihren speerspitzenartigen Enden verläuft.*

RECHTS, GEGENÜBERLIEGENDE SEITE GANZ OBEN LINKS *Die Vorhänge sind an einer Stange direkt unter der Decke befestigt. Bis in Fensterbrettböhe sind sie ungefüttert, so daß sie wie Gardinen wirken und das Licht angenehm streuen.*

UNTEN *Hier wurde ein schmales Brett über dem Fenstersturz befestigt. Es trägt in regelmäßigen Abständen Stifte oder Zapfen, an denen der Vorhang in tiefen Bögen befestigt ist.*

schieden männlichen Charakter. Sie passen zu geschneiderten Vorhängen und klassisch proportionierten Fenstern. Vorhangstangen gibt es in den unterschiedlichsten Formaten, angefangen von feinen Messingröhren für Caféhausgardinen bis zu sehr dicken Holzstangen. Sie sind nützlich, ja wesentlich, wenn ein Vorhang keinen besonderen Abschluß hat oder wenn man mit einem Querbehang den darunter befindlichen Vorhang drapieren möchte. Beliebte Materialien für Vorhangstangen sind Holz, Metalle und Kunstharze. Die Enden der Stangen können so einfach sein wie eine Kugel oder so kompliziert wie ein Löwenkopf. Man kauft sie oft separat; um so wichtiger ist es, daß sie zur Stange passen.

OBEN *Die Gardine und der schokoladenbraune Übervorhang sind auf dieselbe einfache Weise an Vorhangstangen befestigt. So entsteht eine harmonische Wirkung.*

LINKS *Der Vorhang ist über Stoffschlaufen an der Stange befestigt. Eine einzelne Quaste hängt in der Mitte und verleiht den Vorhängen Charakter.*

RECHTS *Diese kleinen weißen Vorhänge unter einem Waschbecken sind mit schmalen Bändern an einer dünnen Stange befestigt. Die spitzenähnliche Unterkante der Vorhänge wirkt sehr zart und feminin.*

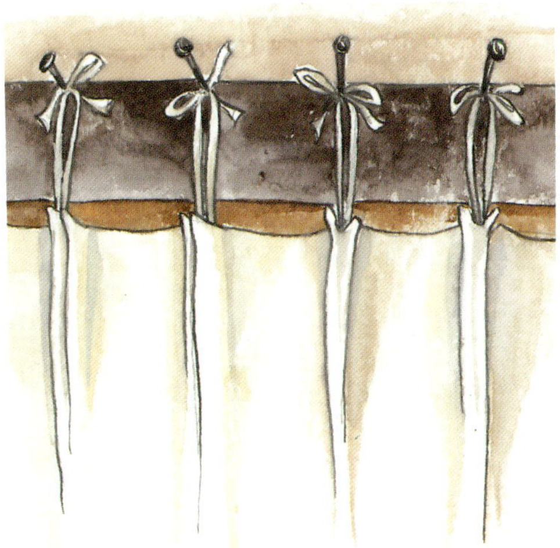

OBEN *Wenn man einen Vorhang mit Stoffstreifen an einer Stange befestigt, kann deren Länge das gesamte Aussehen verändern. Die langen Bänder bewirken hier, daß der Vorhang im Raum schwebt.*

LINKS MITTE *Vorhangclips gibt es in unterschiedlichen Größen und Ausführungen. Sie verleihen einem Vorhang ein zwangloses Aussehen.*

LINKS *Dekorative Gartenschnüre, die den Vorhang am lackierten Ast befestigen, wirken originell.*

GANZ LINKS *Dieser Vorhang ist über Schlaufen an einfachen Nägeln in einem Brett befestigt.*

LINKS *Die breiten dunklen Schlaufen bilden ein Gegengewicht zum kräftig gemusterten Vorhangstoff. Auf die Schlaufen sind Knöpfe aufgenäht, die gut zum Stoff passen. Die Vorhangstange selbst ist aus luxuriös wirkendem altem Messing, das aufwendig gearbeitete Endstück aus Glas.*

RECHTS *Die klassische Vorhangstange und die Ringe aus Holz werden vom glänzenden Messingträger besonders zur Geltung gebracht.*

UNTEN LINKS *Schmiedeeiserne Vorhangstangen passen gut zu hellen gemusterten Stoffen, besonders wenn doppelte Ringe die Verbindung herstellen.*

UNTEN RECHTS *Antike französische Endstücke, Träger und dekorative Ringe stehen in starkem Kontrast zu den einfachen Vorhängen.*

GEGENÜBERLIEGENDE SEITE GANZ RECHTS *Die Auswahl an Vorhangstangen und Endstücken zeigt die breite Palette des Angebots. Das Endstück verleiht der Vorhangstange oft das gewisse Etwas. Von oben nach unten: durchbrochen gearbeitetes Endstück aus Stahl; versilberte Holzkugel; geschmiedete Spirale aus Eisen; vergoldetes, neuklassizistisches Blatt; Speerspitze aus Messing; geschmücktes Lilienwappen (Fleur de lys); Hirtenstock aus Schmiedeeisen; Tropfenform aus Holz.*

UNTEN *Die heute erhältlichen Endstücke von Vorhangstangen greifen auf Muster des 17. und 18. Jh. sowie auf zeitgenössisches und sogar futuristisches Design zurück. Sie sind aus Metall, Holz, Gips, Glas und Kunstharz gefertigt. Von links nach rechts: vergoldete Speerspitze; gedrechselte Holzkugel; vergoldetes Blatt; Eichelform aus Holz; Lilienwappen aus Stahl; gedrechselte Kugel.*

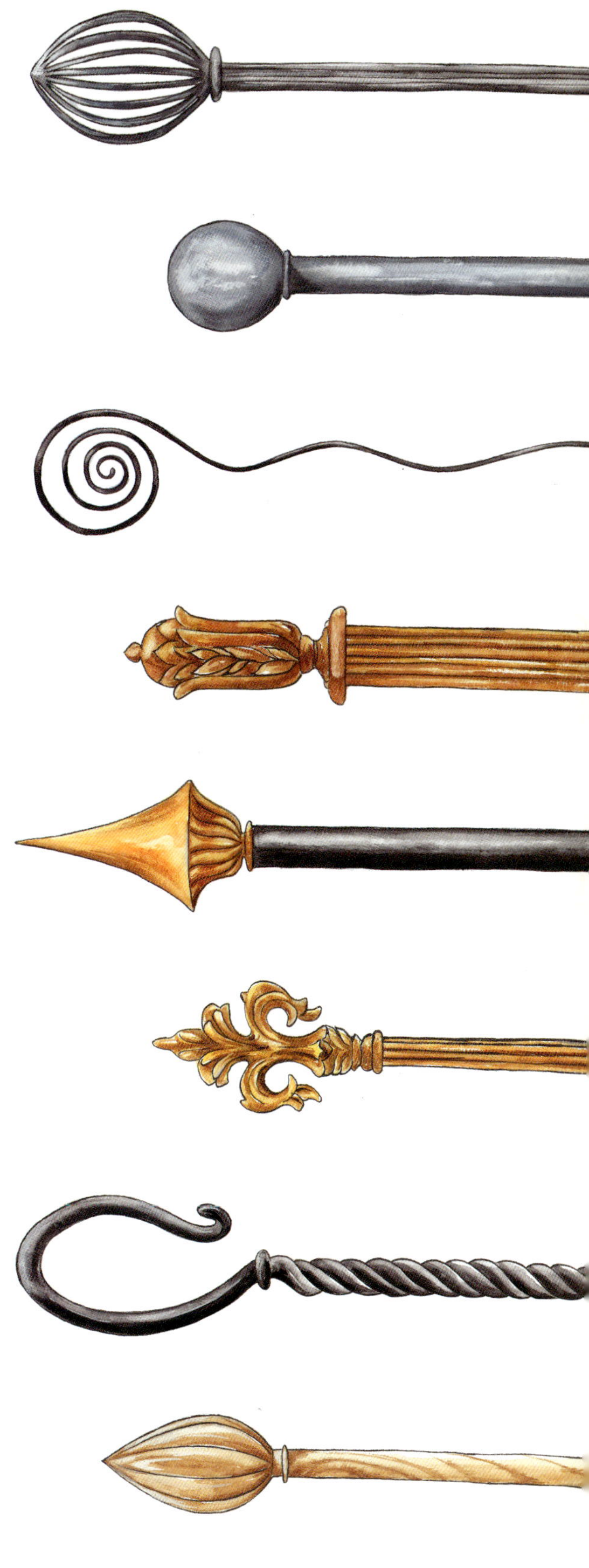

OBEN *Um den Träger der Vorhangstange zu verbergen, wurde ein Stoffstück darum geknotet.*

OBEN LINKS *Die Einfachheit der Stange und des Stoffes wird durch die Schlangenform des Endstückes aufgehoben.*

LINKS *Eine übergroße Schleife aus demselben Material wie der Vorhang gibt der Vorhangstange aus Messing einen weichen Touch.*

UNTEN LINKS *Die ungewöhnliche Vorhangstange besteht aus zusammengebundenen Eisenstäben.*

UNTEN *Die Vorhanggarnitur in diesem klassischen Zimmer setzt sich aus einer Mahagonistange und einem speerförmigen Endstück zusammen.*

Querbehänge und Schärpen

Viele Vorhänge und Fenstertypen sehen gut aus mit Querbehängen und Schärpen. Man muß aber darauf achten, daß man die richtige Breite und Länge wählt. Das Muster des Stoffes für solche Querbehänge und Schärpen, die am besten zu bodenlangen Vorhängen passen, sollte einfach sein. Ein kleines Fenster etwa braucht nur einen Querbehang und ein Paar Schärpen. Größere Fenster vertragen mehrfach geraffte Querbehänge. Es gilt die Regel: Querbehang und Schärpen sollten in einem ausgeglichenen Größenverhältnis stehen.

OBEN *Der Querbehang mit den Schärpen wirkt bei diesen hohen Fenstern asymmetrisch.*

GANZ OBEN LINKS *Dieses traditionelle Fensterdesign wird von einem Querbehang mit zwei seitlichen Schärpen aus gazeartigem Stoff ergänzt.*

OBEN MITTE, OBEN RECHTS *An der eisernen Stange ist ein einzelner Vorhang befestigt und auf einer Seite des Fensters gerafft. Ein gestreifter Querbehang dient als weitere Zierde.*

RECHTS *Diese klassischen Fenstertüren tragen als Schmuck zwei seitliche Vorhänge, die auf dem Boden aufstoßen, sowie einen vierfach gerafften Querbehang mit Fransen und Rosetten.*

Querbehänge und Schärpen sehen oft sehr wirksam über einem Paar Vorhängen aus einem ganz anderen Stoff aus. Ganz klassische Querbehänge, vielleicht aus schwerer Seide, wirken bei hohen Fenstern sehr gut über Gardinen. Querbehänge aus antiken Stoffen passen vorteilhaft zu einfarbigen Vorhängen. Fehlt einem Fenster jegliche architektonische Besonderheit, so kann man es mit Schärpen interessanter gestalten. Welches Design man auch wählt, von klassischen Querbehängen bis zwanglos über eine Stange drapierten Stoffen, niemals sollte man am Stoff sparen. Man braucht mehr Material als zunächst vermutet.

LINKS *Witzige Version eines traditionellen Querbehangs: Er ist in der Mitte gerafft und trägt an der Unterkante Bommeln. Die Schärpen sind stark stilisiert und rahmen das Fenster ein.*

LINKS MITTE *Dieser Querbehang läuft in zwei seitliche und in eine zentrale Schärpe aus. Rosetten fixieren den Stoff und die Raffhalter der Vorhänge.*

UNTEN LINKS *Für eine derart formale Gestaltung ist die Verwendung dieses luxuriösen gelben Stoffes angebracht.*

UNTEN *Ein ausgeklügeltes Arrangement mit zwei Querbehängen. Die Regelung des Lichteinfalls übernimmt ein einfaches Rollo.*

Fallblätter, Schabracken und Lambrequins

Bedeutende Häuser des 18. Jahrhunderts besaßen über dem Fenstersturz aufwendig gestaltete und vergoldete Blenden aus Holz oder Gips. Wie ein Bilderrahmen krönten sie das Fenster. Unter den Blenden waren ebenso auffällige Vorhänge oder Raffrollos befestigt. Am anderen Ende in der Skala der Möglichkeiten standen Rollos und einfache Vorhänge, die hinter einer einfachen Schabracke oder schlichten Blende befestigt wurden. Die Blende selbst war nicht weiter dekoriert oder zeigte bisweilen ein Muster aus Blumen und Früchten auf farbigem Hintergrund.

Obwohl die Fensterdekoration heute insgesamt leichter wird, gibt es doch Situationen, bei denen Vorhänge viel besser mit einer Schabracke als mit einem Abschluß aussehen. Eine solche Schabracke dient der optischen Verankerung und verleiht dem Fenster zusätzliche Bedeutung. Trotzdem muß man hier auch hinzufügen, daß viele Fenster von einer Schabracke ruiniert werden, wenn deren Proportion in keinem Verhältnis zur Größe der darunter befindlichen Vorhänge steht. Kleine Fenster mit kurzen Vorhängen brauchen beispielsweise nur einen Fransenbesatz. Klassische hohe Fenster hingegen verlangen nach einer breiten und auffälligen Schabracke. Als einfache Faustregel kann man festhalten, daß eine Schabracke ungefähr ein Sechstel so breit sein sollte, wie der Vorhang lang ist. An diese Regel kann man sich zunächst halten. Schabracken lassen sich auch allein ohne weitere Vorhänge einsetzen – oder vielleicht nur zusammen mit einem einfachen Rollo, um ein Fenster optisch zu verankern.

OBEN *Die reich geschmückte Schabracke folgt den Linien dieses Erkerfensters. Die Fensterform wird durch die Rautenzeichnung an der Unterkante der Schabracke zusätzlich betont.*

OBEN LINKS *Die formelle Schabracke mit mehrfach bogenförmiger Unterkante macht im besonderem Maße auf das Dessin des Vorhangs aufmerksam.*

RECHTS *Leichte gazeartige Gardinen werden von Kordeln zurückgehalten, die an Trägern an der Wand befestigt sind. Die Schabracke wird von einem auffälligen Stoff gebildet, dessen Farbe sich in der Kordel wiederfindet.*

GEGENÜBERLIEGENDE SEITE *Unauffällige, ungefütterte Vorhänge werden von einer Schabracke zum Leben erweckt, die in der Mitte bauchig verlängert ist.*

Heute kosten beschnitzte und vergoldete Blenden ein Vermögen. Es gibt aber noch Handwerker, die solche Glanzstücke herstellen können. Meist greift man auf waagrechte Bretter aus Sperrholz oder Preßspan zurück. Man schneidet sie in Fensterbreite zu und gibt ihnen die gewünschte Form. Diese Bretter werden anschließend lakiert und dekoriert. Der Heimwerker kann sich ohne weiteres an solche Arbeiten heranwagen.
Die Schabrackenblende kann die unterschiedlichsten Formen annehmen: rechteckig, fächerförmig, dreieckig, zinnenförmig. Bei komplizierten Mustern empfiehlt es sich vielleicht, vorher eine Papierschablone anzufertigen, um die richtigen Proportionen an Ort und Stelle zu überprüfen. Solche Schabrackenblätter kann man schließlich streichen, mit Papier, Stoff, Bändern oder sogar Motiven aus einem Malbuch für Kinder überziehen.

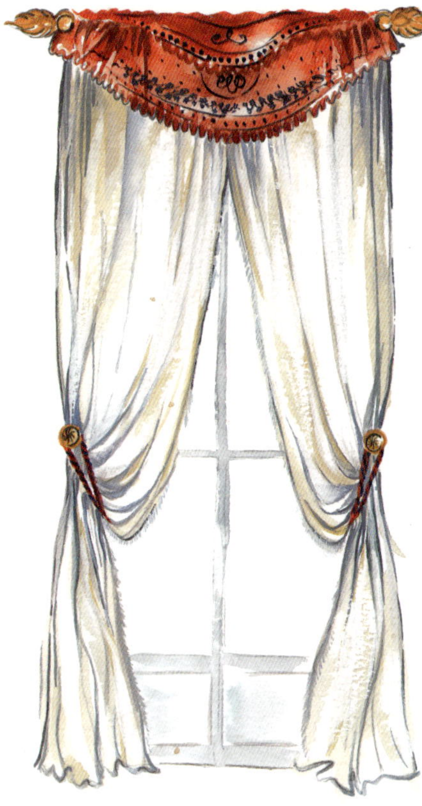

fen oder Rauten, in einer anderen Richtung – also nicht senkrecht, sondern vielleicht waagrecht oder schräg. Schabracken aus alten handgefertigten Stoffen wirken ebenfalls gut. Sie müssen dabei nicht einmal in perfektem Zustand sein. Ein alter, etwas abgetragener Seidenstoff oder Schal kann leicht so drapiert werden, daß man Löcher und Risse nicht sieht.

Schabracken müssen nicht immer auf Bretter aufgezogen werden; in einem solchen Fall spricht man auch von Fallblättern. Den verwendeten Stoff kann man füttern, um ihm mehr Festigkeit zu verleihen. Doch bei sehr schweren Stoffen kann man auch darauf verzichten. Solche Fallblätter werden meist an waagrechten Brettern befestigt und fallen senkrecht herunter. Wie auch bei Vorhangabschlüssen sind Dreifachfalten, Kelchfalten oder Rüschen möglich. Die Unterkante kann

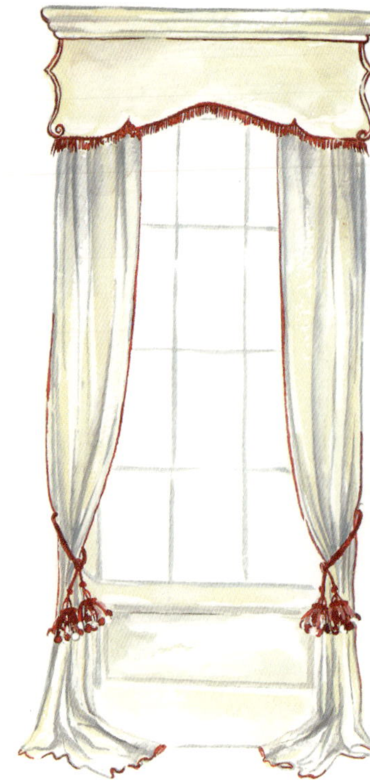

Wenn man das Brett für die Schabracke mit Stoff überzieht, nimmt man dasselbe Material wie bei den Vorhängen – oder einen ganz anderen Stoff. Dabei gilt jedoch die Regel: Zu einem geometrischen Dessin paßt am besten ein florales Muster oder ein einfarbiger Stoff, wobei sich die Farben ergänzen sollten. Man braucht ein erfahrenes Auge, um einen gestreiften Vorhang mit einer ganz anders gestreiften Schabracke zu kombinieren. Oft verwendet man denselben Stoff wie für den Vorhang, allerdings auf eine etwas andere Weise. Man wählt zum Beispiel ein zentrales Motiv aus und appliziert es auf einen einfarbigen Hintergrund. Oder man verwendet ein geometrisches Muster, zum Beispiel Strei-

OBEN, RECHTS *Die Wirkung dieses breiten Erkerfensters wird durch die kühne Schabracke verstärkt. Das übergroße Urnenmuster ist mit einem auffälligen gestreiften Stoff kombiniert.*

OBEN RECHTS *Zarte, ungefütterte Vorhänge sind unter der Schabracke befestigt. Die Unterkante der Schabracke, die Säume der Vorhänge und die Kordeln sind in derselben Farbe gehalten.*

OBEN *Bei dieser zinnenförmigen Schabracke wirken die Streifen wie Fransen. Die Vorhänge zeigen an der Seitenkante waagrechte Streifen.*

LINKS, GANZ OBEN *Eine hölzerne lambrequinartige Blende hängt über einem Paar einfacher Vorhänge. Das Arrangement wirkt subtil und keinesfalls übertrieben.*

gerade oder geschwungen sein. Als Abschluß der Unterkante kommen Fransen, Quasten oder Rosetten in Frage.

Der Begriff „Schabracke" gelangte übrigens zur Zeit der Türkenkriege im 17. Jahrhundert zu uns. Die Ausgangsform ist das türkische „çabrak" für „Satteldecke". „Lambrequin" hingegen geht über französische Vermittlung auf das niederländische „lamperkijn", „feiner Stoff", zurück.

OBEN, OBEN LINKS *Dieser einfache, natürlich wirkende Stoff ist aufwendig bestickt und bildet ein gefälliges Paar Vorhänge mit Schabracke. Die Kombination zwischen der bogenförmigen Unterkante der Schabracke und den völlig geraden Vorhängen erzeugt eine besondere Spannung.*

GANZ OBEN LINKS UND RECHTS *Dieser antike, gobelinartige Stoff ist an einem Brett über dem Fenstersturz befestigt. Die Unterkante wirkt durch die unterschiedliche Länge der Quasten wellenförmig.*

LINKS, OBEN UND GANZ OBEN *Das kleine, unbedeutende Fenster erhält durch den breiten Lambrequin, der seitlich weit heruntergezogen ist, eine neue Bedeutung. Diese Blende verändert die Proportionen des Fensters und läßt es interessanter erscheinen. Der Fransenbesatz an der Unterkante findet sich auf den handgeklöppelten Spitzen wieder, die als Rollos fungieren und die in unterschiedlicher Höhe eingestellt sind. Der zarte Stoff dieser Rollos steht in markantem Gegensatz zum schweren Lambrequin.*

Raffhalter

Im 18. Jahrhundert raffte man die Vorhänge entweder mit Borten und Quasten oder mit metallenen Klammern, die ein stärker gestaltendes Element darstellen. Solche metallenen oder textilen Raffhalter werden beim heutigen Vorhangdesign zu Recht häufig verwendet.

Antike Raffhalter aus Metall sind ziemlich teuer, aber ihr Geld wert. Doch sie können auch viel leisten und das Erscheinungsbild eines Vorhanges deutlich verändern. Ein überlanger Vorhang bekommt durch einen Raffhalter sofort die richtige Länge, und ein unförmiges Exemplar sieht damit immerhin besser aus. Wenn man den Vorhang in einer bestimmten Höhe raffen will, erzeugen Raffhalter, welcher Form auch immer, ein Gefühl der Fülle und verleihen den Textilien zusätzliche Kontur.

Raffhalter haben indirekt die Aufgabe, möglichst viel Licht in den Raum hineinzulassen. In dekorativer Hinsicht gibt es für ihre Verwendung keinerlei Grenzen. Sie verändern auf jeden Fall das Aussehen der Vorhänge und damit auch des gesamten Raumes. Mit Raffhaltern ist es besonders einfach, die Proportionen eines Vorhangs zu gestalten.

Raffhalter können entweder spartanisch oder von größtem Prunk sein. Bei der Entscheidung sollte man stets Gegensätze zusammenbringen, zum Beispiel raffinierte Raffhalter mit einfachen Vorhängen und umgekehrt. Es kommt nur zu oft vor, daß schon überaus üppige Vorhänge noch mit vergoldeten Quasten, Kordeln und anderen Raffhaltern befestigt werden. Einen augenfälligen Raffhalter, zum Beispiel eine übergroße Quaste oder eine grafisch wirkende Holzrosette, kombiniert man am besten mit einem einfachen Vorhang, etwa mit einem einfarbigen oder höchstens einem in sich gemusterten Stoff. Nicht nur die Kombination

OBEN *Ein Raffhalter in einer der Farben, die auch im Vorhang vertreten sind; er wurde gepolstert und wirkt dadurch füllig.*

GANZ OBEN LINKS *Ein Türvorhang mit geometrischem Muster wird von einem Band gerafft, auf dem drei Reihen von Kaurimuscheln befestigt sind.*

GANZ OBEN *Ein klassischer Raffhalter aus einer Kordel mit Quaste sollte dick genug sein, um das Gewicht des Vorhangs zu halten.*

LINKS *Der Vorhang, der auf dem Boden aufstößt, wird von einer dicken Kordel gerafft.*

aus schwerem Raffhalter und schwerem Stoff kann bei entsprechendem Geschick erfolgversprechend sein, sondern auch bei einem zarten, einfachen Stoff wie ungefütterter Seide kann man einen mächtigen Raffhalter verwenden, um zwischen Gewicht und Textur einen Gegensatz zu erzeugen. Ein einzelner Vorhang profitiert vom kundigen Einsatz eines Raffhalters, besonders wenn sich darunter noch eine Gardine oder ein Rollo befindet.

Raffhalter werden oft noch aus demselben Material hergestellt wie die Vorhänge, obwohl diese Vorgehensweise langsam aus der Mode kommt. Man kann sie mit einer Einlage versteifen. Sehr gut paßt eine Stoffrosette dazu,

entweder aus demselben Material wie der Vorhang oder aus einem kontrastierenden Textil. Rosetten verwendete man im 18. und 19. Jahrhundert sehr gern, und sie sehen heute noch gut aus, obwohl man sie zu diesem Zweck stets großzügig gestalten muß. Sie sollten eher

OBEN, RECHTS *Alle Elemente dieser Fenstergestaltung sind in demselben tabakbraunen Ton gehalten. Die inneren wie die äußeren Vorhänge haben denselben Raffhalter aus Kordeln mit zwei Quasten. Die farbige Ähnlichkeit der Komponenten wirkt in diesem Lesezimmer gleichzeitig üppig und beruhigend.*

wie eine voll erblühte Rose aussehen und nicht wie eine Knospe, die nie aufgeht. Die Posamenterie hat die Vorhanggestalter seit jeher mit Kordeln versorgt, die sie als Raffhalter einsetzten. Ob mit oder ohne Quaste sehen sie beim richtigen Vorhang hervorragend aus. Man befestigt sie entweder an einem Haken, der in die Wand eingelassen wurde, oder bindet sie einfach um die Vorhänge und verknotet sie.

Selbstverständlich ist es kein Muß, in allen Fällen einen klassischen Raffhalter einzusetzen. Bei einer leichten Gardine sieht ein Band, zu einer einfachen Schlaufe gebunden, ebenso gut aus wie ein Büschel Bast. Einen natürlichen Vorhangstoff kann man auch mit einem dicken, rohen Stück Seil zurückbinden. Wenn man einen einfarbigen Vorhang mit einer Borte, einer Kordel oder einer Franse säumt, so erzeugt ein einfacher Raffhalter aus demselben Material einen schönen ganzheitlichen Effekt.

In der Vergangenheit waren klammerartige Raffhalter aus Metall sehr beliebt. Meistens bestanden sie aus Messing, selten und nur für teure Vorhänge aus Goldbronze. Einige wenige wurden auch aus Holz geschnitzt. Heutige nicht textile Raffhalter

OBEN *Die fließenden Falten der beiden gerafften Vorhänge verleihen den scharfen Konturen dieses Erkerfensters weichere Linien.*

OBEN LINKS *Das einfache flache Stoffband wird hier mit einer Rosette aus demselben Stoff verziert.*

LINKS *Geflochtene Kordeln gehören zu den einfachsten Raffhaltern und passen am besten zu einem Stoff mit ganz anderer Textur.*

GANZ LINKS *Die optische Spannung rührt vom starken Kontrast zwischen den schweren Kordeln der Raffhalter und dem zarten ungemusterten Vorhangstoff her, durch den das Licht hindurchscheint.*

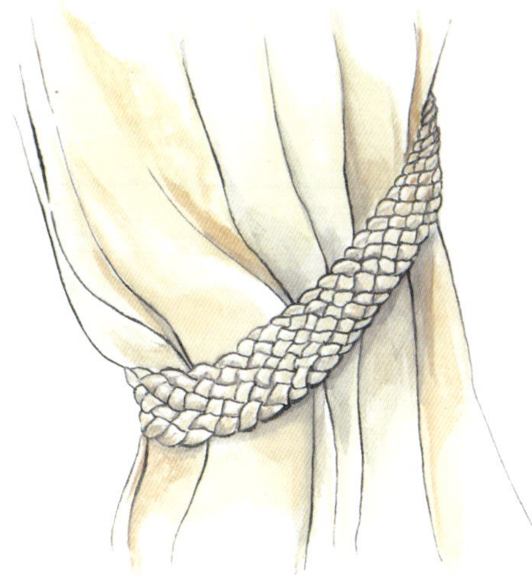

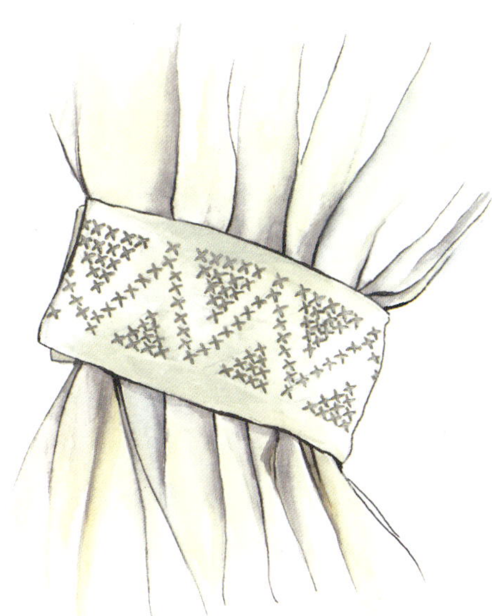

OBEN *Die Windungen dieser Kordel wiederholen auf beruhigende Weise die Streifen des Vorhangs.*

OBEN LINKS *Ein Raffhalter mit auffälliger Textur hält die Vorhänge in der richtigen Stellung.*

LINKS *Der Raffhalter wurde aus demselben Material wie der Vorhang gefertigt und erinnert in der Form an ein Kinderpartykleidchen.*

UNTEN LINKS *Ein Band mit Kreuzstichstickerei ergibt einen Raffhalter voller Charme.*

UNTEN *Besteht der Raffhalter aus demselben Stoff wie der Vorhang, so wird das Auge von den Linien des Vorhanges nicht abgelenkt.*

bestehen entweder aus Metall oder Holz. Das Design reicht von der einfachsten U-Form bis zu gebogenen Stücken mit einem Muster aus Akanthusblättern und Löwenköpfen. Es gibt neben dieser klassischen Form auch zapfenartige Raffhalter, die an einem Ende zu einer Scheibe verbreitert sind. Solche Stücke werden oft in Rosettenform oder in einem anderen kreisrunden Motiv gegossen. Der Vorhang liegt einfach über den Zapfen oder wird um ihn herum gewunden. Antike Türknäufe aus gefärbtem Glas, aus Messing oder Holz sehen auch sehr gut aus, sofern ihr Schaft lang genug ist.

GEGENÜBERLIEGENDE SEITE (links) *Vorhangstangen wie Raffhalter dieser dreiviertellangen Vorhänge bestehen aus Schmiedeeisen und erzeugen dadurch eine einheitliche Wirkung.*

GEGENÜBERLIEGENDE SEITE (rechts oben) *Ketten als Raffhalter sind sehr schnell montiert und sehen gut aus.*

GEGENÜBERLIEGENDE SEITE (rechts Mitte) *Über solche dekorativen runden Zapfen oder Pflöcke, die im 18. und 19. Jh. viel verwendet wurden, kann der Vorhang üppig fallen.*

GEGENÜBERLIEGENDE SEITE (rechts unten) *Dieser elegante Raffhalters mit dem dekorativen Endstück lenkt die Aufmerksamkeit auf sich.*

OBEN *Als moderne Variation eines alten Themas eignet sich der Raffhalter aus Messing mit farbigem Glas sehr gut für einen Stoff mit einem kräftigen Muster.*

OBEN LINKS *Einen dekorativ wirkenden Raffhalter kann man aus dem Halsschmuck fremder Völker oder aus einzelnen Perlen gestalten, die man selbst auf eine Kordel auffädelt.*

MITTE LINKS *Vorhänge aus üppigem Stoff sehen viel besser aus, wenn sie von einer vergoldeten Rosette an einem Pflock und nicht von einem echten Raffhalter zurückgebunden werden.*

LINKS *Ein Raffhalter aus Metall erlaubt eine präzisere Faltengebung beim Drapieren des Stoffes.*

Posamenten

Schöne Posamenten wie Borten, Fransen, Tressen, Bommeln oder Quasten fallen zunächst einmal durch ihren Preis auf, lohnen aber das eingesetzte Geld. Eine hübsche Borte mit einem kohärenten Design und eine schwere Quaste herzustellen, ist eine komplizierte, zeitraubende Arbeit. Wie immer ist ein Gefühl für die Proportionen am wichtigsten. Wer in einem Musterbuch eine entzückende kleine Bommel oder eine Borte entdeckt hat, muß sich diese Posamenten genau an der Schabracke, am Querbehang oder am Saum des Vorhanges vorstellen. Ist das Gewicht der Posamenten zu groß für den Vorhang, oder wirkt dieser einfach zu stark?

Im Fachhandel gibt es eine große Vielfalt von Posamenten zu kaufen. Sie bestehen in der Regel aus Baumwolle, Seide oder Wolle und kombinieren oft verschiedene Farben und Texturen. Angesichts einer solchen Auswahl erscheinen Posamenten oft als Sofortlösung für einen etwas langweiligen Vorhang. Doch in solchen Fällen gilt die Maxime, daß weniger mehr ist. Heften Sie erst ein kleines Stück Ihrer Wahl an den Vorhang und beurteilen Sie, ob Posamenterie und Vorhang sich harmonisch ergänzen.

GANZ OBEN LINKS *Die zierlichen Fransen mit den daran befestigten kleinen Perlen sind an dieser feinen Gardine gerade richtig.*

GANZ OBEN, OBEN MITTE UND RECHTS *Fransen kann man in beliebiger Länge herstellen. Die Länge muß aber zum Dessin des Vorhangs passen.*

OBEN RECHTS *Feine Stickereiarbeiten lassen sich durch die richtige Wahl der Posamenten noch stärker hervorheben.*

RECHTS *Die beiden Bortenreihen und die daran befestigten kleinen Quasten wirken nicht zu stark für diesen einfarbigen Vorhang.*

GANZ LINKS (oben) *Der raffinierte Saum wiederholt das Thema der Streifen, wie sie Schabracke und Vorhang zeigen – allerdings en miniature.*

LINKS *Dieser Saum ist weniger Kontrast denn Ergänzung zum zart gefärbten Vorhang.*

GANZ LINKS (unten), MITTE UNTEN *Dieser Vorhang trägt als einzigen Schmuck eine breite einfache Borte.*

UNTEN LINKS *Die fransenartigen Bommeln lassen dieses Rollo interessant erscheinen.*

UNTEN *Diese handbestickten Vorhänge schließen mit einem wellenförmigen Rand ab.*

Praktische Anleitungen

PRAKTISCHE ANLEITUNGEN

Wenn Sie gerade umgezogen sind, sehen Sie sich vielleicht gezwungen, Ihre eigenen Vorhänge, Gardinen und Rollos herzustellen. Vielleicht haben Sie aber auch nur Freude daran, Ihre Fenster ganz persönlich zu gestalten. Bevor man aber mit dem Nähen beginnt, sollte man ganz genau planen, um auch die besten Ergebnisse zu bekommen. Sie sollten zum Beispiel genau überlegen, auf welchem Tisch sie die Arbeiten durchführen wollen. Die Entscheidung für den Stoff muß sorgfältig getroffen werden, und Sie müssen auch festlegen, ob die Vorhänge einfach oder doppelt gefüttert werden – wenn überhaupt. Ein ganz entscheidender Punkt ist das genaue Maßnehmen. Im folgenden Teil werden die Grundlagen der Vorhangherstellung beschrieben. Im Kapitel über die Nähtechniken auf Seite 179 bis 181 findet man Instruktionen über die verschiedenen Stiche und Saumarten.

MASSNEHMEN

Dies ist der wichtigste Schritt bei der Fertigung von Vorhängen. Man sollte mit äußerster Sorgfalt vorgehen. Die Stoffmenge steht mit dem Stil des Vorhanges im Zusammenhang. Zuerst müssen Sie also entscheiden, ob die Vorhänge bis zum Boden, bis zum Fensterbrett oder weiter nach unten reichen sollen (siehe senkrechte Pfeile in der Zeichnung unten). Vorhänge können innerhalb oder außerhalb der Fensternische liegen (siehe waagrechte Pfeile). Zu berücksichtigen sind auch der Abschluß und insgesamt die Fülle des Stoffes.

Oberer Abschluß

Bei der Entscheidung über den Abschluß des Vorhangs muß man die Größe des Fensters, die allgemeine textile Gestaltung und die Funktion der Vorhänge berücksichtigen. Es geht darum, ob sie nur dekorative Zwecke erfüllen oder auch bewegt werden sollen. Mit Kräuselbändern kann man verschiedene Abschlußformen erzielen. Sie enthalten Zugfäden, die man nach dem Aufnähen zuzieht, so daß Falten oder Rüschen entstehen. Auch die Haken zur Befestigung des Vorhangs an der Vorhangschiene oder -stange werden am Kräuselband eingehängt. Die Wahl des Kräuselbandes beeinflußt auch die Gesamtbreite des benötigten Stoffes. Wenn Sie die Vorhänge genau auf Ihre Fenster zuschneidern wollen, müssen Sie den Abschluß von Hand nähen.

BERECHNUNG DER STOFFMENGE

Länge

Man mißt die gewünschte Länge der anzufertigenden Vorhänge und rechnet die Zugaben für Saum und Abschluß hinzu. Für eine doppelt umgelegte Unterkante braucht man zum Beispiel 15 cm und für einen Standardabschluß mit Kräuselband 7,5 cm. Die spezifischen Zugaben sind auf den folgenden Seiten angegeben. Bei grob gemusterten Stoffen rechnet man die Höhe einer Musterreihe dazu.

Breite, Zahl der Stoffbahnen

Für Vorhänge mit Kräuselband:

1 Man mißt die Länge der Schiene oder der Stange und halbiert sie für zwei Vorhänge.

2 Man gibt für die seitlichen Säume an einem Vorhang 10 cm hinzu. Weitere 10 cm sind für Vorhänge gedacht, die sich in der Mitte überlappen.

3 Diese Breite multipliziert man mit einer Maßzahl, die für die Fülle des Vorhanges und die Art des Abschlusses typisch ist. Ein Standardkräuselband verlangt einen Faktor von 1,5, ein Kräuselband für Bleistiftfalten einen von 2,5. Die Kräuselbandhersteller geben die entsprechenden Maßzahlen bekannt.

4 Diese Gesamtbreite teilt man durch die Breite der Stoffbahn. Die geläufigsten Maße sind 120 cm, 140 cm, 150 cm oder 160 cm. Man rundet die Zahl, die dabei herauskommt, zur nächsthöheren ganzen Zahl auf und erhält damit die Zahl der Stoffbahnen für jeden Vorhang.

Für Vorhänge mit handgearbeiteten Abschlüssen:

1 Man mißt die Länge der Vorhangschiene oder -stange. Für zwei Vorhänge halbieren. 10 cm für die seitlichen Säume pro Vorhang hinzuzählen, weitere 10 cm für Vorhänge, die in der Mitte überlappen.

2 Man legt die ungefähre Anzahl der Falten und entsprechenden Zwischenräume fest, wobei man 15 cm für jede Falte und 12 cm für jeden Zwischenraum zwischen zwei Falten einsetzt. Man teilt die Vorhangbreite (minus die Zugaben für die seitlichen Säume und Überlappung in der Mitte) durch 12 cm. Zur nächsthöheren oder nächstkleineren Zahl auf- und abrunden. Bei acht Zwischenräumen braucht man somit neun Falten.

3 Die Stoffmenge für die Falten erhält man durch Multiplikation der Anzahl der Falten mal 15 cm.

4 Man addiert diese Zahl zur gesamten Vorhangbreite (mit den Zugaben für die Säume und die Überlappung in der Mitte) und fügt weitere 12 cm für den Außensaum an jedem Vorhang hinzu. Zur nächsten ganzen Zahl aufrunden. Damit erhält man die Stoffbreite für den Vorhang.

5 Diese Gesamtbreite durch die Breite der Stoffbahn teilen. Zur nächsthöheren ganzen Zahl aufrunden. So erhält man die Zahl der Stoffbahnen.

Berechnung der endgültigen Stoffmenge

Man multipliziert die gesamte Vorhanglänge mit der Zahl der Stoffbahnen für beide Vorhänge und erhält dadurch die gesamte Stoffmenge. Pro Meter Stoff fügt man weitere 2,5 cm hinzu, sofern der Stoff nicht vorgeschrumpft wurde.

ZUSCHNEIDEN

Man muß die Oberkante von Stoffen markieren, die einen starken Glanz oder einen Flor aufweisen, damit die Textur immer in derselben Richtung verläuft. Man schneidet senkrecht zur Webkante, damit die fertigen Vorhänge auch senkrecht fallen. Ein gerades Ende erhält man, indem man einen Faden herauszieht und daran entlang schneidet oder mit einem Maßband und Schneiderkreide eine Kante markiert.

Man mißt die Länge der ersten Stoffbahn an jeder Webkante und markiert sie mit Stecknadeln. Man faltet den Stoff entlang dieser markierten Linie und schneidet ihn der Falte entlang. Weist der Stoff ein großes Muster auf, so sollte der untere Saum unter einer vollständigen Musterreihe liegen. Auf gleiche Weise schneidet man auch die restlichen Stoffbahnen zu. Die Stoffmuster müssen dabei immer auf der gleichen Höhe liegen. Halbe Stoffbahnen setzt man an den Außenrand des Vorhangs.

UNGEFÜTTERTE VORHÄNGE

Obwohl die meisten Vorhänge besser fallen, wenn sie gefüttert werden, sind ungefütterte oft praktischer. Sie lassen sich einfach herstellen und erzielen doch eine gute Wirkung. Beim Maßnehmen kommt eine Zugabe von 15 cm für den unteren Saum und je 6 cm für jeden seitlichen Saum hinzu. Die Zugabe für den Abschluß und die gesamte Stoffbreite hängen davon ab, welches Kräuselband man verwendet. Bei den folgenden Anweisungen gehen wir von einer Zugabe von 7 cm an der Oberkante aus.

1 Man vernäht die Stoffbahnen mit einer flachen Naht. Die Schnittkanten versäubern, evtl. alle 15 cm V-förmig einschneiden, damit sich die Naht nicht kräuselt. Die Naht durch Bügeln öffnen.

2 An jeder Seitenkante einen doppelten Saum von je 2,5 cm Breite einschlagen. Diesen Saum befestigt man mit Stecknadeln und Heftstichen bis 7 cm von der Oberkante und 15 cm von der Unterkante.

3 Die Unterkante des Stoffes um 15 cm einschlagen, flachbügeln. Die Ecken einschlagen und einen doppelten Saum mit 7,5 cm Breite festbügeln. Die seitlichen Säume mit der Maschine annähen – oder von Hand mit einem lockeren Saumstich. In gleicher Weise befestigt man die Säume an den Ecken mit einem losen Saumstich oder Hexenstich. Man beschwert die Unterkante der Vorhänge, indem man ein Bleiband in den Saum einlegt oder an den Ecken Gewichte festnäht.

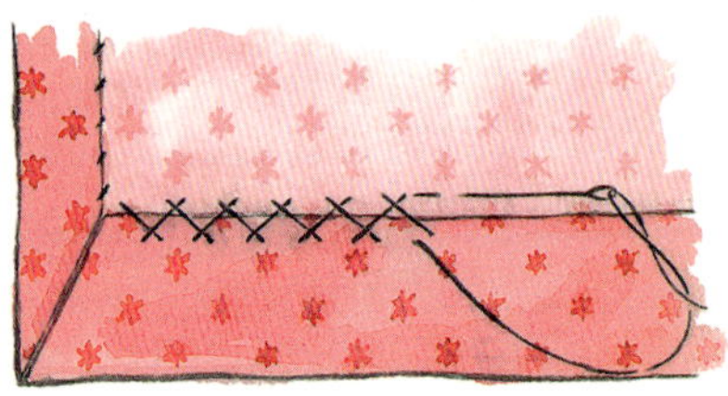

Standardkräuselband

Locker gekräuselte Abschlüsse eignen sich für zwanglose Vorhänge aus leichtem Stoff. Mit Standard-Kräuselband, das 2,5 cm breit ist, kräuselt man die Oberkante des Stoffes und erzeugt dadurch locker fallende Falten im Vorhang. Die Breite der Kräuselung kann man durch die Breite des Saumes an der Oberkante bestimmen.

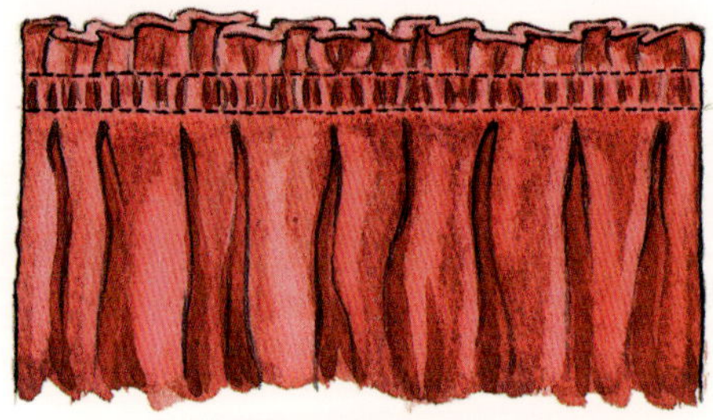

1 An der Oberkante einen Saum von 7 cm umlegen und festbügeln, dabei die Ecken einschlagen. Das Kräuselband auf Vorhangbreite zuzüglich 5 cm für den Einschlag zuschneiden. An jedem Ende 2,5 cm des Bandes unterschlagen, dieses auf der Vorhangrückseite mit Stecknadeln oder Heftstichen so befestigen, daß es die Kante des Saumes bedeckt.

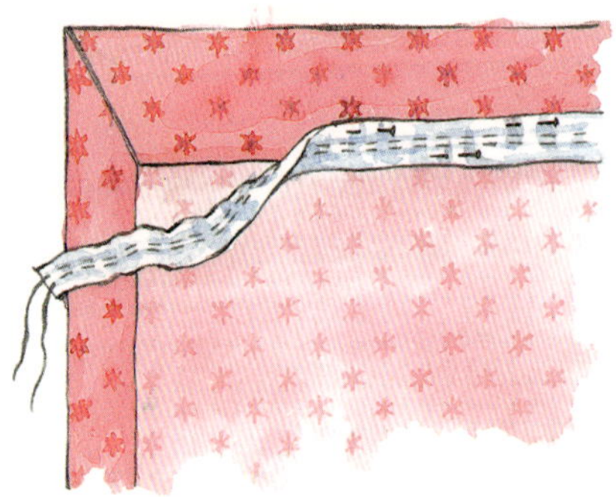

2 Das Kräuselband an der Ober- und Unterkante mit der Maschine in derselben Richtung festnähen. Die Enden werden von Hand vernäht. Zugfäden zuziehen, um die Kräuselung zu bewirken. Die Falten müssen über die ganze Breite regelmäßig verteilt werden. Die Fäden am einen Ende des Kräuselbandes verknoten. Vorhanghalter an den Schlaufen des Kräuselbandes einhängen und den Vorhang an der Schiene befestigen.

Bleistiftfalten

Faltenbänder, die den Stoff in dünne senkrechte Bleistiftfalten legen, gibt es in unterschiedlichen Breiten von 7,5 bis 13 cm. Solches Band weist drei Zugfäden auf, an denen man die Vorhanghalter einhängt.

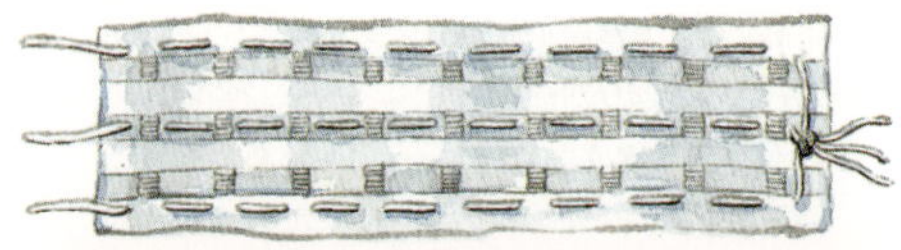

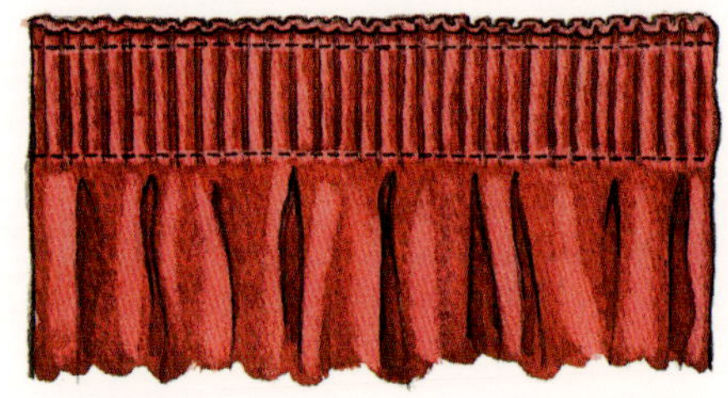

1 Faltenbänder werden auf dieselbe Weise wie die Standard-Kräuselbänder befestigt, allerdings fast ganz an der Oberkante. Man kräuselt das Band, bevor man es am Vorhang befestigt und markiert die Lage der Falten auf dem Band mit einem Stift, so daß sie symmetrisch ausfallen. Man setzt keine Falte an die Außenkante. Dort befindet sich ein einzelner Vorhanghalter.

2 Das Band wieder glätten und auf dem Vorhang festnähen. Die Falten nach den Markierungen auf dem Band kräuseln, die Zugfäden verknoten, Vorhanghalter befestigen und den Vorhang an der Schiene anbringen.

GEFÜTTERTE VORHÄNGE

Es empfiehlt sich, Vorhänge zu füttern, wenn man den Stoff vor Sonnenlicht und Feuchtigkeit schützen und den Fall verbessern will. Das zum Füttern verwendete Material ist verhältnismäßig billig und in zahlreichen Farben erhältlich, darunter auch Creme, Beige und Weiß. Es sind auch farbliche Kontraste zum Vorhang möglich.

Einfache gefütterte Vorhänge

Bei diesem einfachen Verfahren darf man die Zugaben für die Säume, die Unterkante und den jeweiligen oberen Abschluß nicht vergessen. Man schneidet das Futter nach der Größe des fertigen Vorhanges zu und beachtet dabei, daß der Vorhang 13 cm breiter und 23 cm länger ist als das Futter.

1 Die ganzen und die halben Stoffbahnen des Vorhanges und des Futters wie für die ungefütterten Vorhänge vernähen (siehe Seite 164). Man legt das Futter auf den Vorhangstoff, so daß die rechten Seiten aufeinanderliegen. Die Oberkante des Futters liegt 7,5 cm unter der Oberkante des Vorhanges. Die Seitenkanten mit Stecknadeln befestigen wie im Bild unten und dann mit der Maschine in 1 cm Abstand vom Saum vernähen. Die Maschinennaht sollte in einem Abstand von 7,5 cm von der Oberkante des Futters beginnen und bis 15 cm vor der Unterkante des Futters reichen.

2 Einen 5 cm breiten Saum auf der linken Stoffseite an der Unterkante des Futters festbügeln. Um weitere 2,5 cm einschlagen und festnähen. Das ganze umdrehen, 15 cm breiten Saum auf der linken Seite des Vorhanges festbügeln, Ecken dreieckig einschlagen, doppelten Saum von 7,5 cm festheften.

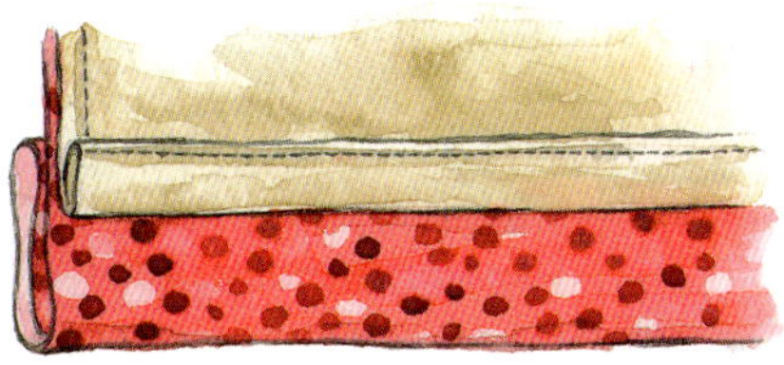

3 Die Stoffe wenden, so daß die rechten Seiten außen liegen. Das Futter genau zentrieren. Die restlichen Seitenkanten des Futters mit Saumstichen am Vorhang befestigen, und dabei oben so viel frei lassen, daß man die Ecken des Vorhangs dreieckig einschlagen kann. Die Unterkante des Vorhangs mit den eingeschlagenen Ecken festnähen und die Heftstiche entfernen.

4 Die Oberkante des Vorhanges 7,5 cm über das Futter umlegen, bügeln, die Ecken einschlagen und entsprechend mit Saumstichen befestigen. Das Kräuselband der Wahl mit Stecknadeln oder Heftstichen nach den Angaben auf Seite 164 oben am Vorhang befestigen. Mit der Maschine festnähen.

Gestepptes Futter

Dieses Verfahren zu Befestigung des Futters verwenden vor allem professionelle Vorhangschneider. Die Vorhänge fallen dabei wunderbar. Beim Maßnehmen achte man darauf, daß der Vorhangstoff 13 cm breiter und 23 cm länger ist als der fertige flache Vorhang und daß das Futter an allen Kanten einen Abstand von rund 4 cm hält.

1 Die Stoffbahnen des Vorhanges und des Futters wie bei den ungefütterten Vorhängen (Seite 164 bis 165) zusammennähen. An jeder Seitenkante des Vorhanges 6 cm einschlagen, an der Unterkante 15 cm einschlagen, flachbügeln. Untere Ecken einschlagen, flachbügeln. Die seitlichen Säume locker mit Saumstichen befestigen und die Stöße an den Ecken nähen. Den Saum mit Saum- oder Hexenstichen wie bei ungefütterten Vorhängen nähen. Den Stoff mit der richtigen Seite nach unten legen. Parallele vertikale Linien in einem Abstand von rund 30 cm mit Schneiderkreide einzeichnen.

Das Futter so auf den Vorhang legen, daß dessen Oberkante 2 cm von der Vorhangoberkante entfernt liegt. Die linken Seiten der beiden Stoffe liegen dabei aufeinander. An einer Seite das Futter bis zur Kreidemarkierung zurückschlagen. Das Futter hier mit Heftstichen am Vorhang befestigen, wobei man in einem Abstand von 18 cm von der Oberkante des Vorhanges beginnt. Die Heftstiche reichen bis zur Unterkante des Saumes.

2 Das Futter von der anderen Seite bis zur Kreidelinie zurückschlagen, mit Heftstichen locker am Vorhang befestigen. Dies wiederholt man für alle Kreidemarkierungen.

3 Die Kante des Futters an den Seiten um 2 cm, die Unterkante um 4 cm einschlagen, flachbügeln. Das Futter an diesen drei Kanten mit Saumstichen am Vorhang befestigen. Oberkante des Vorhanges um 7,5 cm, Oberkante des Futters um 7 cm auf die jeweils linke Seite umschlagen. Alle Ecken auf Stoß nähen und schließlich das Kräuselband befestigen.

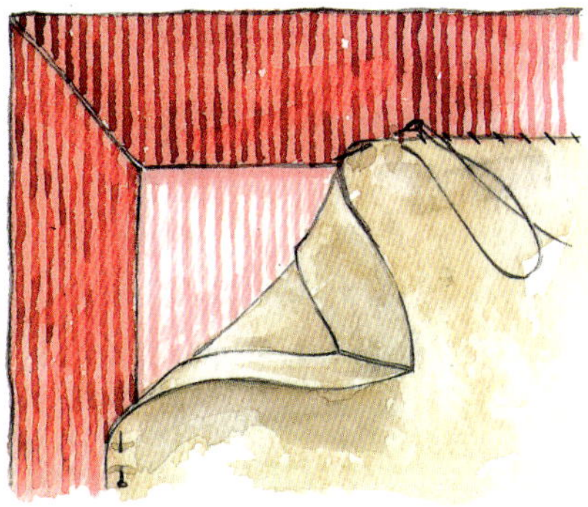

HANDGENÄHTE ABSCHLÜSSE

Mit fertigen Kräuselbändern erzielt man sehr elegante Ergebnisse. Von Hand genähte Abschlüsse sehen jedoch sauberer, genauer und somit professioneller aus. Man hat die Wahl zwischen verschiedenen Stilen z. B. Dreifachfalten, Kelchfalten, Reihenfalten oder Schauben.

Dreifachfalten

Obwohl es Kräuselbänder zu kaufen gibt, die die Oberkante des Vorhanges in Falten legen, etwa in Bleistiftfalten (siehe Seite 164), wirken von Hand genähte Abschlüsse noch präziser.

1 Wer von Hand Falten in die Vorhänge legen will, muß sehr genau maßnehmen. Man braucht an der Ober- wie an der Unterkante eine Zugabe von 10 cm. Denken Sie an eine Extrazugabe, wenn Sie das Muster verschiedener Stoffbahnen aufeinander abstimmen müssen. Bei der Berechnung der gesamten Stoffbreite und damit auch der Anzahl der Stoffbahnen müssen Sie berücksichtigen: die Anzahl der Falten sowie der entsprechenden Zwischenräume, die Säume an den Seiten jeder Stoffbahn, sowie die Überlappung in der Mitte (siehe „Maßnehmen", Seite 163).

Ferner braucht man ein entsprechend großes Futter, das so breit ist wie der ungefaltete Vorhang ohne seitliche Zugaben, oben mit einer Zugabe von 2 cm und unten von 4 cm; ferner ein Zwischenfutter für zusätzliche Steifheit und Isolierung in der gleichen Größe wie der fertige Vorhang sowie einen Streifen aus steifem Buckram oder Zwischenfutter, gleich breit wie der fertige Vorhang und mindestens 10 cm hoch, damit die Falten ihre Form beibehalten.

2 Einen 10 cm breiten Saum an der Oberkante des Vorhanges umlegen und den Buckram oder das Zwischenfutter so einlegen, daß es genau an die Faltkante stößt. Den Buckram mit Hexenstichen am Vorhang befestigen. Das Zwischenfutter über den Buckram legen und mit Steppstichen befestigen. Den oberen Saum und die 5 cm des seitlichen Saumes des Vorhanges über das Zwischenfutter legen, die Ecken einschlagen, mit Hexenstichen festnähen. Einen 2 cm breiten Doppelsaum an der Unterkante des Futters nähen, an den Seitenkanten und an die Oberkante einen 2 cm breiten Saum flachbügeln. Das Futter am Zwischenfutter mit Steppstichen befestigen, schließlich die Oberkante und die Seitenkanten des Futters mit Saumstichen am Vorhang festnähen.

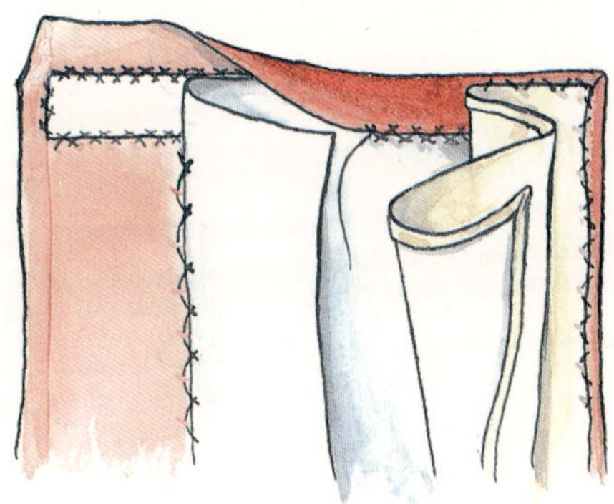

3 Einen 10 cm breiten Saum an der Unterkante des Vorhanges umschlagen, die Ecken einschlagen und unter dem Futter mit Saumstichen festnähen.

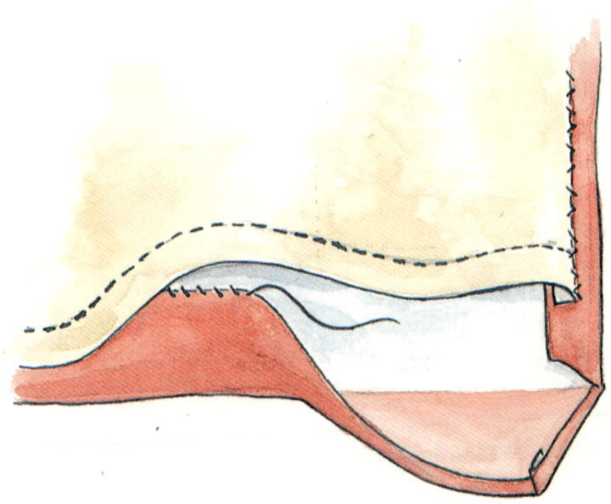

4 Mit Schneiderkreide zeichnet man auf der Rückseite des Vorhanges nach den zuvor angestellten Berechnungen die Lage der seitlichen Säume, der Falten und der Zwischenräume ein.

5 Auf der Höhe der Buckrameinlage werden die Falten gelegt und festgenäht. Man formt sie von Hand und näht sie bis 1 cm unter den Buckramstreifen fest.

6 Man befestigt Metallringe an jeder Falte und an den Seitenkanten und fädelt sie auf.

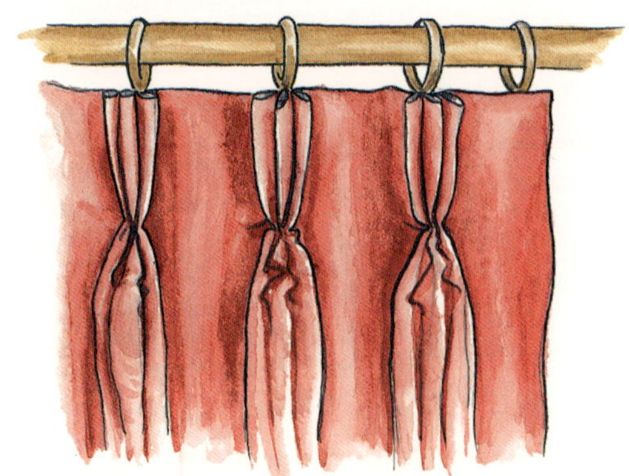

Kelchfalten

Kelchfalten werden oft für fixe Vorhänge verwendet. Man geht vor wie bei den Dreifachfalten. Doch wenn man diese gefaltet und die Umrisse festgenäht hat, öffnet man diese Falten und fixiert das Ganze mit einigen Stichen. Man rollt Streifen aus Zwischenfutter ein und legt sie in die Kelchfalten hinein, damit sie ihre Form bewahren.

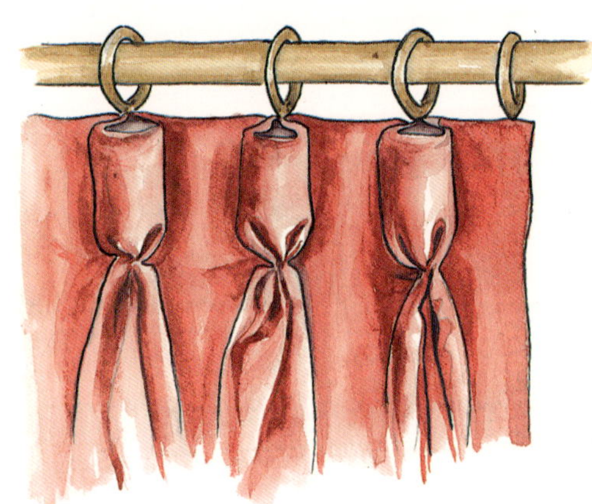

Reihenfalten

Dieser einfach aussehende Abschluß erfordert weniger Stoff pro Falte. Man geht aber gleich vor wie bei den Dreifach- und den Kelchfalten. Beim Maßnehmen sind erneut die Anzahl der Falten und die Zwischenräume zwischen ihnen zu berücksichtigen. Nach dem Festnähen der Falten öffnet man sie und steckt aufgerollte Stücke aus Zwischenfutter hinein, damit sie die beabsichtigte runde Form erhalten.

Schaube

Diese Art des Abschlusses eignet sich vor allem für dekorative Vorhänge, die nicht sehr oft geöffnet oder geschlossen werden. Die Schaube verläuft an der Oberkante des Vorhangs und nimmt die Vorhangstange oder ein gespanntes Drahtseil auf. Solche Vorhänge öffnet man in der Mitte durch geeignete Raffhalter.

1 Man nimmt maß wie bei den ungefütterten Vorhängen (Seite 164) und addiert oben eine Zugabe von 10 cm und unten eine solche von 15 cm. Sofern man nicht einen sehr feinen Stoff verwendet, beträgt die Breite der Vorhänge das Eineinhalbfache bis Doppelte der Länge der Vorhangstange.

Man vernäht die Stoffbahnen wie bei den ungefütterten Vorhängen und bringt die Säume an den Seiten und an der Unterkante wie gewohnt an. 10 cm der Oberkante umschlagen und flachbügeln, einen doppelten Saum von je 5 cm umlegen. Unterkante mit der Maschine nähen und dann darüber eine zweite Naht in einem Abstand von 2,5 cm setzen. So entsteht eine Schaube, die für die meisten Vorhangstangen ausreicht. Ist die Stange besonders dick, so muß die Schaube und natürlich der gesamte obere Abschluß entsprechend vergrößert werden.

2 Die Vorhangstange oder das Drahtseil durch die Schaube stecken und den Vorhang aufhängen.

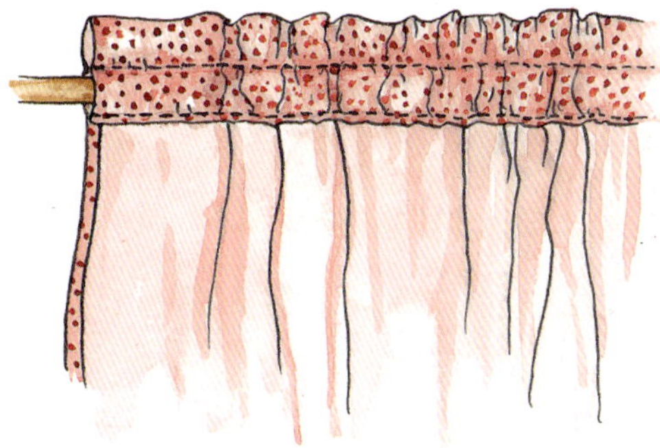

Bogenförmiger Abschluß

Ein bogenförmiger Abschluß eignet sich zum Beispiel für Caféhausgardinen.

1 Maßnehmen wie bei den ungefütterten Vorhängen (siehe Seite 164). Die seitlichen Säume anbringen. An der Oberkante reichen für den Saum 5 mm aus. Nun geht es um die Frage, wie viele Bogen auf der Vorhangbreite Platz finden, wobei jeder Bogen ungefähr 7,5 cm mißt. Zwischen den einzelnen Bogen bleiben rund 2 cm Stoff; gleiche Stoffmenge auf der linken und rechten Außenkante.

2 Schablone: Kreis mit einem Radius von rund 4 cm auf ein Stück Karton zeichnen. Den waagrechten Durchmesser des

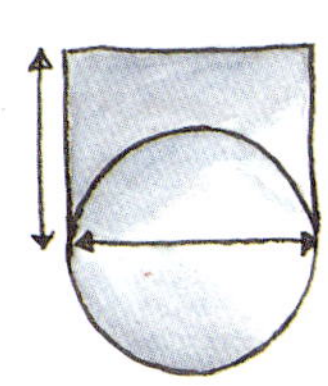

Kreises verwendet man als Grundlinie für ein Rechteck, dessen senkrechte Seiten rund 6 cm messen.

3 Die Schablone auf die linke Seite des Stoffes legen und mit Schneiderkreide das Muster übertragen. Dabei läßt man zwischen je zwei Bogen 2,5 cm Abstand. Gleicher Abstand zur Außenkante.

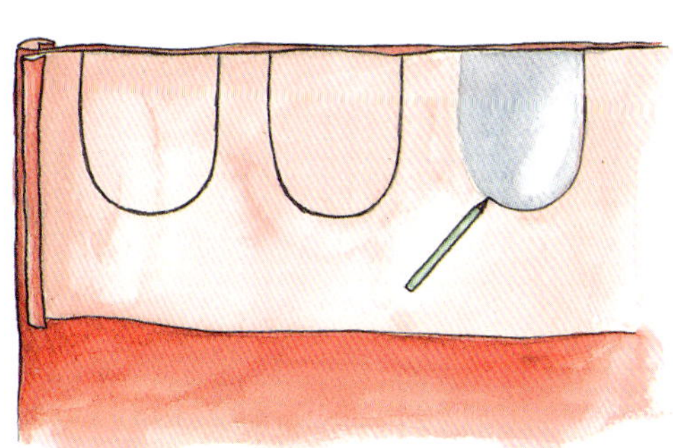

4 Nun stellt man einen Besatz her, indem man einen 15 cm hohen Stoffstreifen zuschneidet, der um 1 cm breiter ist als der Vorhang. Die schmalen Kanten um 5 mm einschlagen, flachbügeln und mit Heftstichen befestigen. Den Besatz oben an den Vorhang heften, wobei die rechten Seiten aufeinanderliegen. Die Unterkante des Besatzes um 5 mm umschlagen, festbügeln und festheften. Vorhang wenden, so daß die aufgezeichneten Bogen sichtbar werden. Man setzt Heftstiche durch den Vorhang und den Besatz längs der Bogenformen und längs der Oberkante, in einer Entfernung von ungefähr 5 mm von den Kanten. Entlang dieser Heftkante mit der Maschine nähen. Die Bogen ausschneiden, Abstand zu den Nähten 5 mm. An den Bogen V-förmige Einschnitte anbringen.

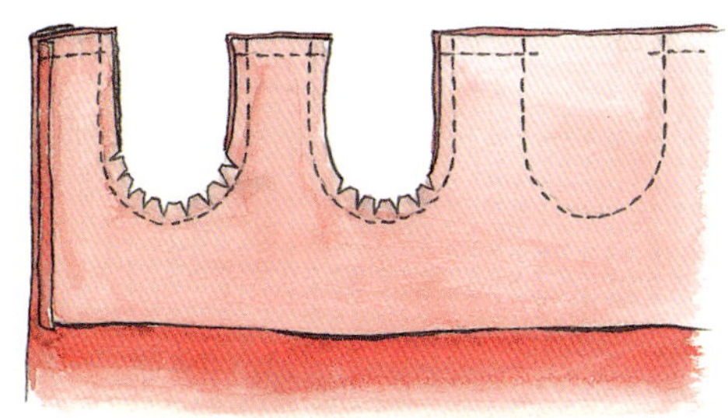

5 Den Vorhang mit dem Besatz wenden, so daß die rechten Seiten außen liegen, flachbügeln. Seiten und Unterkanten des Besatzes ansteppen. Den Vorhang kann man zwanglos auf mehrere Arten aufhängen. Man näht zum Beispiel Metallringe an die Zwischenräume zwischen den bogenförmigen Ausschnitten (siehe Bild unten) oder man kauft Metallclips, an denen man den Vorhang festmacht. Die Vorhangstange wird dann durch die Metallringe gesteckt. Schließlich hält man den Vorhang gegen das Fenster und nimmt Maß für die Unterkante. Saumzugabe umschlagen, mit Stecknadeln befestigen, heften und steppen. Der fertige Vorhang wird gebügelt und auf die Vorhangstange gefädelt.

WEITERE VORHANGTYPEN

Die folgenden Ideen geben eine Übersicht über die Vielfalt der Vorhanggestaltung.

Abschluß mit Schlaufen

Dieser einfache Abschluß eignet sich für geteilte Vorhänge und auch für Wandbehänge.

1 Das Nähen der Vorhänge erfolgt wie üblich – mit Ausnahme der Ober- und Unterkante. An der Oberkante wird nur 1 cm umgeschlagen.

2 Die Länge der Schlaufe durch Messen des Umfanges der Vorhangstange bestimmen, für den Saum weitere 7,5 cm zugeben. Jede fertige Schlaufe sollte ungefähr 5 bis höchstens 7,5 cm breit sein, dazu kommen weitere 2,5 cm als Zugabe für den Saum. Die Anzahl der Schlaufen festlegen: Ihr Abstand sollte rund 10 cm betragen, wobei man in einem Abstand von 2,5 cm von der Seitenkante beginnt.

3 Stoffstreifen für die Schlaufen in der erforderlichen Länge und Breite ausschneiden. Die Streifen der Länge nach falten, so daß die rechten Seiten aufeinanderliegen, 1 cm säumen, Enden offen lassen. Auf die rechte Seite wenden, mit der Naht in der Mitte flachbügeln.

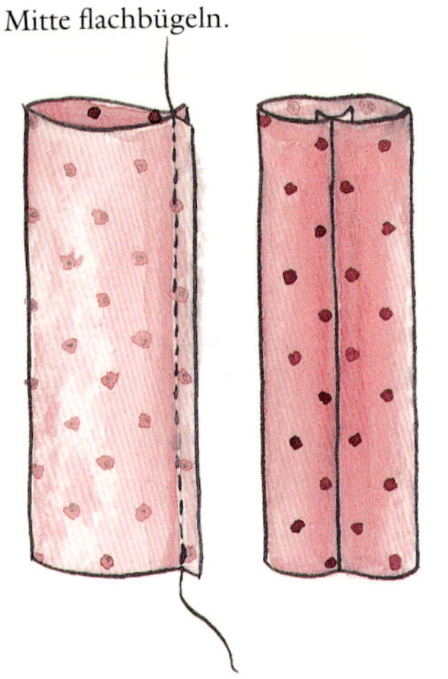

4 Die Schlaufen der Länge nach halbieren und auf der rechten Seite des Vorhanges im richtigen Abstand erst mit Nadeln und dann mit Heftstichen befestigen. Abstand von der Oberkante 1 cm.

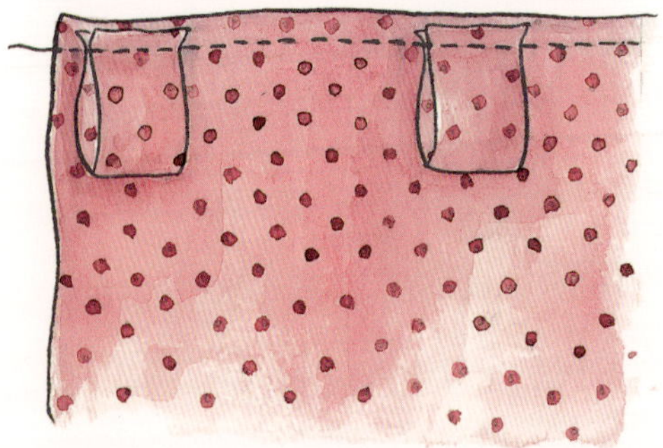

5 Einen 7,5 cm breiten Stoffstreifen als Besatz ausschneiden; dessen Länge sollte der Breite des Vorhangs plus 1 cm entsprechen. 5 mm an beiden Enden einschlagen, flachbügeln, festheften. Den Besatz an der Oberkante des Vorhanges festheften. 5 mm an der Unterkante des Besatzes umschlagen, flachbügeln, heften. In 1 cm Abstand von der Oberkante des Vorhanges durch alle Stoffschichten nähen und alles auf rechts wenden.

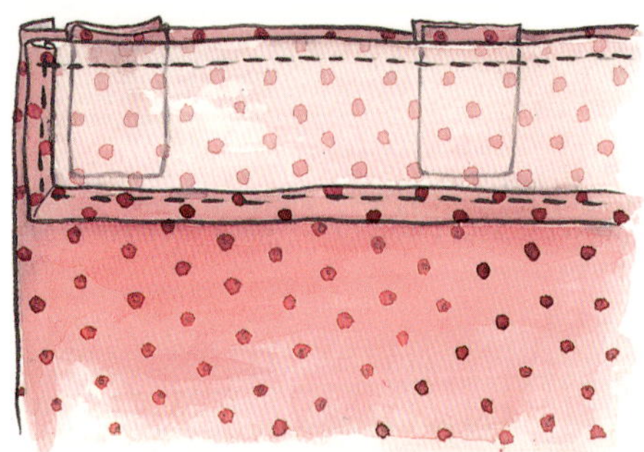

6 Die Seitenkanten und die Unterkante des Besatzes am Vorhang festnähen. Vorhangstange durch die Schlaufen ziehen. Den Vorhang aufhängen, Saumbreite der Unterkante bestimmen. Mit Nadeln und Heftstichen befestigen, festnähen.

Abschluß mit Schlaufen und Knöpfen

Mit Schlaufen kann man zahlreiche dekorative Effekte erzielen. Man verwendet für sie beispielsweise einen anderen Stoff. Man kann die Schlaufen auch in unterschiedlichen Farben anlegen. Zur Verschönerung der Schlaufen verwendet man Knöpfe, Brokate oder Borten. Diese dekorativen Effekte lassen sich leicht erzielen, besonders wenn es Ihnen Spaß macht, mit verschiedenen Abschlüssen und Posamenten zu experimentieren.

1 Den Vorhang wie üblich fertigstellen und die Schlaufen in regelmäßigen Abständen auf der Rückseite festnähen.

2 Die Schlaufen nach vorne falten und in der Mitte einen Knopf durch alle Schichten festnähen.

3 Eine Vorhangstange durchziehen.

Abschluß mit falscher Schabracke

Man folgt den Arbeitsanleitungen auf Seite 163 für das Maßnehmen und das Ausschneiden. Für die Schabracke braucht man beim eigentlichen Vorhang wie beim Futter eine Extrazugabe. Die Höhe dieser Schabracke hängt von der Gesamtlänge des Vorhanges ab, sollte aber bei einem 2 m langen Vorhang rund 25 cm betragen.

1 Die Vorhänge mit dem Futter nähen, Oberkante noch nicht bearbeiten. Man vernäht nun die Seitenkanten des Futters mit denen der Schabracke, wobei die rechten Seiten aufeinanderliegen, dann wenden.

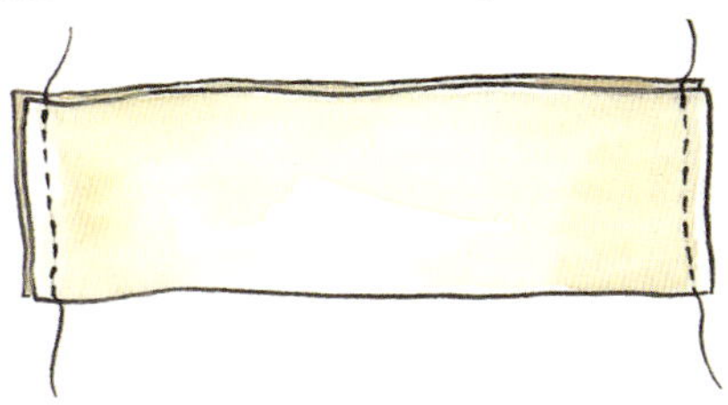

2 Die rechte Seite der Schabracke liegt dann auf der linken Seite des Vorhangs. Die beiden Teile erst mit Nadeln, dann mit Heftstichen und schließlich mit definitiver Naht befestigen, 1 cm Nahtzugabe. Beide Enden dieses Saumes einfalten und vernähen.

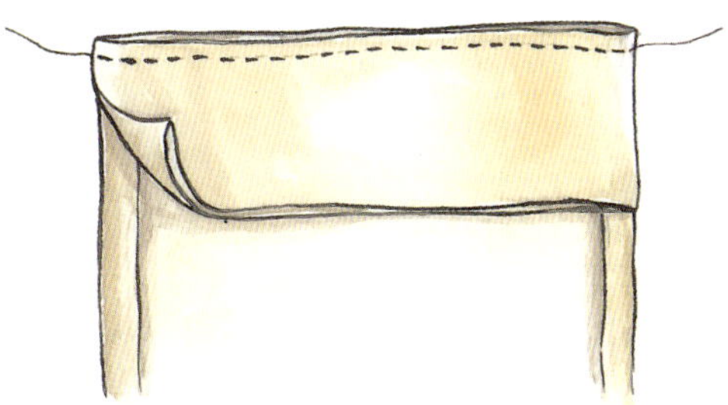

3 Die Schabracke über die rechte Seite des Vorhanges drehen, die Naht flachbügeln. Unterkante der Schabracke säumen, auf der ganzen Länge eine Franse festnähen wie im Bild unten.

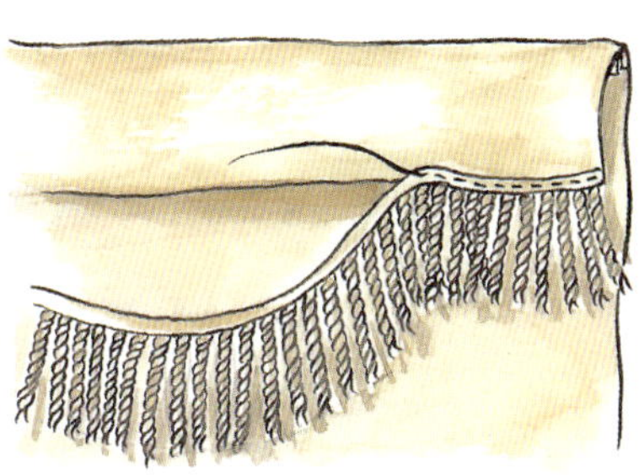

4 An der Oberkante ungefähr 12 Ringe festnähen und auf einer Vorhangstange auffädeln.

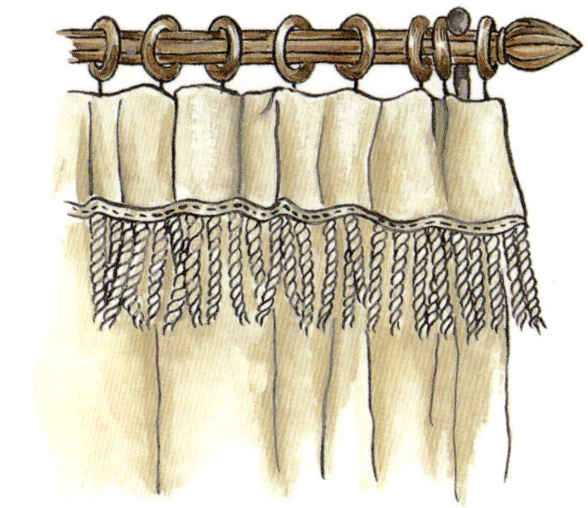

Weitere falsche Schabracken

Sie können an die Unterkante der Schabracke auch Bommeln nähen oder für den Vorhang wie die Schabracke einfachen Stoff verwenden (siehe unten).

Türvorhänge an festen Haken

Man folgt den Anleitungen auf Seite 163, wobei man als Saumzugabe 1 cm berücksichtigt. Für den Vorhang benötigt man das Eineinhalbfache bis Doppelte der Tür. Damit der Vorhang auf beiden Seiten gut aussieht, nimmt man ein attraktives Futter oder ein Stück desselben Stoffes.

1 Man legt die Stoffstücke mit den rechten Seiten aufeinander und befestigt die Unterkante und die Seitenkanten, wobei man für den Saum 1 cm zugibt. Wenden und flachbügeln. Schlaufen aus der Länge nach gefalteten Stoffstreifen herstellen, an der Oberkante festheften, diese mit der Maschine säumen.

2 Die Schlaufen in die fixierten Haken über der Tür einhängen, den Vorhang in der Mitte raffen.

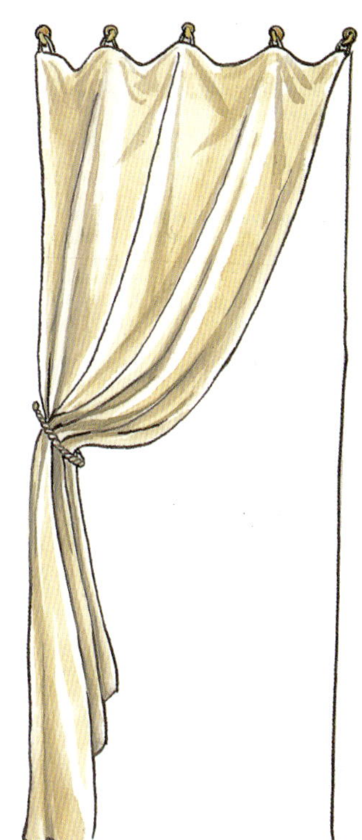

Abschlüsse mit Ösen

Abschlüsse mit Ösen eignen sich besonders gut für dekorative Vorhänge, die nicht oft hin- und herbewegt werden. Sie verleihen den einfachsten Vorhängen und Fenstern eine ganz besondere Note.

Durch die Ösen steckt man entweder eine Vorhangstange aus Holz oder Messing, was sehr verhalten wirkt, oder man befestigt den Vorhang über eine lange Kordel oder über einzelne Schlaufen an der Stange.

Den Abschluß sollte man stets mit einem Zwischenfutter oder mit Buckram versteifen, damit er besser sitzt. Den entsprechenden Stoff näht man von Hand oder mit der Maschine zwischen den eigentlichen Stoff und das Futter ein. Ungefütterte Vorhänge brauchen einen Besatz, um den versteifenden Stoff zu verbergen. Die Ösen samt den entsprechenden Werkzeugen erhält man in Spezialgeschäften oder Kaufhausabteilungen.

Einfache Ösen

Zunächst versteift man den Abschluß des Vorhanges mit einem Streifen Buckram. Dann setzt man nach der Gebrauchsanweisung des Herstellers Ösen mit einem Durchmesser von 20 mm in den Stoff und steckt eine geeignete Vorhangstange hindurch.

Ösen mit Kordeln und Schlaufen

Beim Maßnehmen kommt zur Gesamtlänge des Vorhanges eine Zugabe von 10 cm hinzu. An der Oberkante legt man den Stoff um 6 cm um. Wieder aufklappen und einen 5 cm breiten Streifen Buckram so anlegen, daß er an der Faltlinie anstößt. Den Buckram mit dem umgelegten Saum wieder zudecken, mit Heftstichen befestigen. Nach der Fertigstellung der Vorhänge setzt man Ösen mit einem Durchmesser von 10 mm in den Stoff.

Man kann auch 20 mm große Ösen befestigen und den Vorhang mit 30 cm langen Bändern in Form von Schleifen an der Stange befestigen.

Duschvorhänge

Duschvorhänge lassen sich leicht aus wasserabstoßenden Stoffen oder aus Baumwolle mit einem Plastikvorhang darunter herstellen. Die meisten Duschvorhänge sollten eineinhalb mal so breit sein wie die Vorhangstange. Am oberen Abschluß in einem Abstand von 10 cm Metallösen einstanzen, in die man die Ringe einhängt.

1 Beim Zuschneiden des Stoffes und des Futters berücksichtigt man zu beiden Seiten eine Zugabe von 5 cm für einen Doppelsaum und an der Unterkante eine entsprechende Zugabe von 10 cm. Oben beträgt die Zugabe 2 cm.

2 Seitenkanten beim Vorhang und beim Futter um 2,5 cm doppelt umlegen, unten um 5 cm, Ecken einschlagen, festheften. Das Futter so an die Oberkante des Vorhanges legen, daß die beiden rechten Seiten aufeinanderliegen. In 1 cm Abstand säumen. Die Stoffteile wenden, flachbügeln.

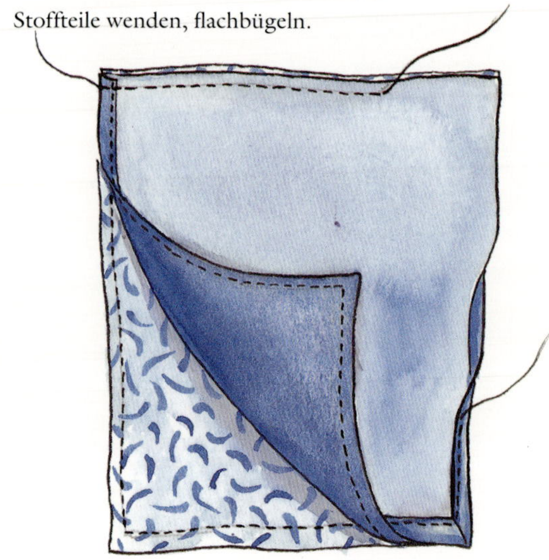

3 Einen Tunnel nähen, der die Vorhangstange der Dusche aufnimmt. Die erste Naht setzt man dabei in 1 cm Abstand von der Oberkante.

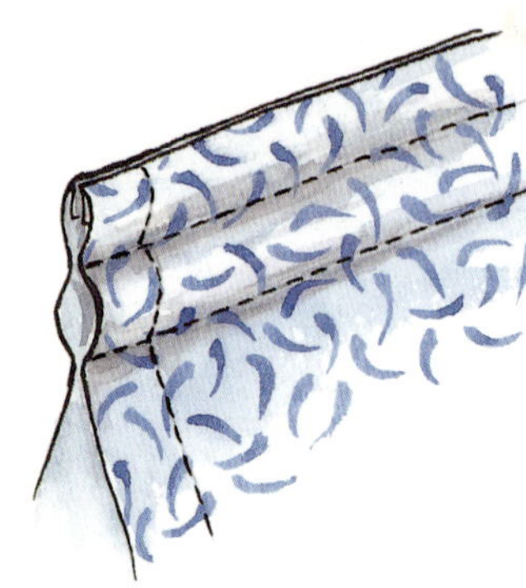

4 Man kann auch die Oberkante des Vorhanges um 2,5 cm umlegen und darin in einem Abstand von jeweils 15 cm Ösen befestigen.

QUERBEHÄNGE UND SCHÄRPEN

Querbehänge und Schärpen kann man ähnlich wie Schabracken (siehe Seite 172) auf einem Brett fixieren. Dieses bringt man so an, daß die Textilien nicht zuviel vom Fenster verbergen und noch genügend Licht durchlassen. Zuvor sollte man aus einem alten Behelfsstoff erst ein Modell oder eine Schablone bauen. So erhält man eine Vorstellung, wie die Gestaltung schließlich aussehen wird.

1 Die Oberkante des Querbehanges sollte ungefähr 25 cm kürzer sein als das Brett, die Unterkante ungefähr 20 cm länger. Allerdings hängt dies stark von den gewünschten Ausmaßen des Querbehanges ab. Man befestigt diesen am Brett und drapiert die Enden so lange, bis man mit dem Ergebnis zufrieden ist. Mit Schneiderkreide markiert man die Breite des Stoffes und die Stelle, wo er über das Brett herabhängt.

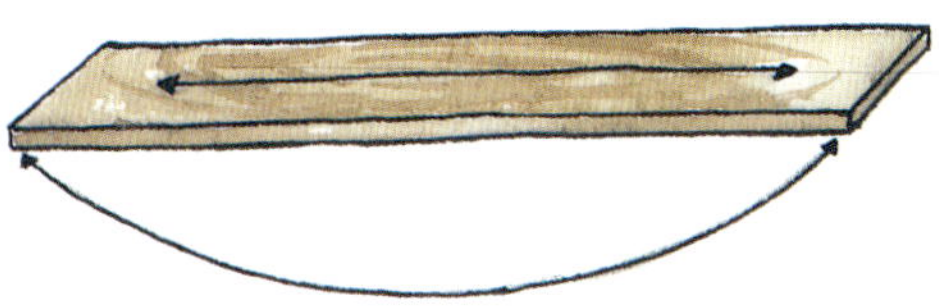

2 Man öffnet das Stoffstück und markiert die Stelle, an denen die Nähte liegen. Anhand des Musters schneidet man nun den Stoff zu und addiert an allen Kanten eine Zugabe von 2,5 cm. Man näht den Vorhang nach den bereits bekannten Anweisungen, wobei man das Futter und eventuell auch das Zwischenfutter nicht vergißt. Die Ober- und Unterkanten behandelt man wie Seitenkanten herkömmlicher Vorhänge.

3 Die Schärpen sind nicht mit dem Querbehang verbunden, sondern werden einzeln gefertigt. Zunächst nimmt man Maß: Breite, Innen- und Außenkante. Diese Maße überträgt man auf einen beliebigen Stoff, der zunächst als Modell dient. Die Stücke ausschneiden und auf dem Brett befestigen.

4 Anhand der Schablone die richtigen Vorhangstücke ausschneiden, wobei man an den Seiten eine Zugabe von 2 cm, an der Ober- und Unterkante eine solche von 10 cm addiert. Den Stoff ggf. mit einem Futter versehen und dabei beachten, daß die rechten Seiten des Vorhangstoffes und des Futters aufeinanderliegen. Die Seiten und die Unterkanten festnähen. Die Säume versäubern, wenden.

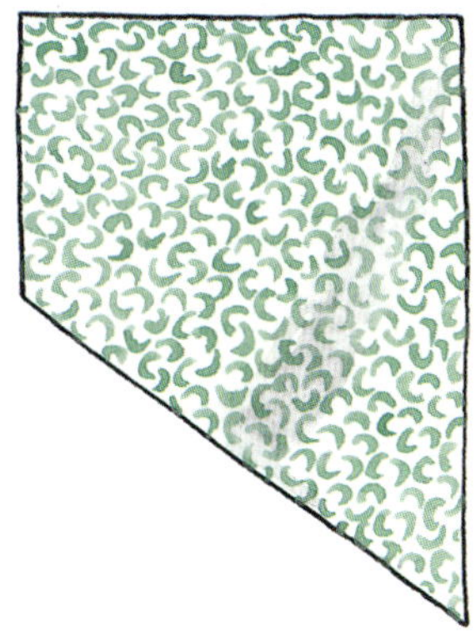

5 Die Schrägseiten des Querbehanges raffen und mit zwei Reihen von Stichen fixieren, auf das Brett heften, die Wirkung überprüfen, ggf. korrigieren.

6 Die Falten bei den seitlichen Schärpen markieren und festbügeln. Als Vorlage verwendet man die frühere Schablone. Die Falten von Hand festnähen und die Schärpen auf dem Brett befestigen.

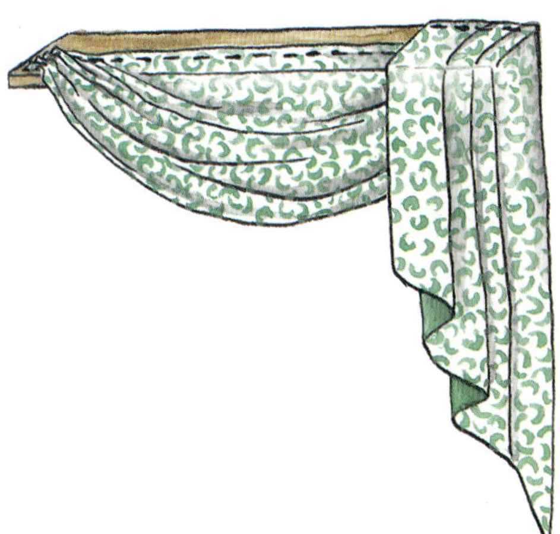

7 Diesen Querbehang mit den Schärpen kann man allein oder zusammen mit einem Paar Vorhängen verwenden. Natürlich steht es Ihnen frei, unterschiedliche Stoffe zu nehmen.

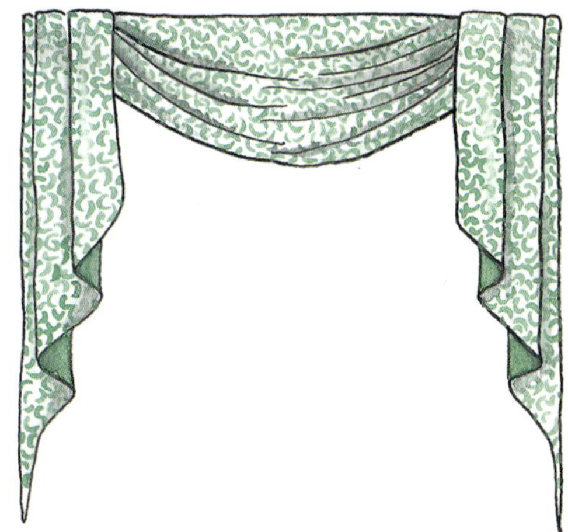

Weitere Gestaltungsmöglichkeiten

Es gibt mehrere Möglichkeiten zur Variation des bisher beschriebenen Musters. Ein Querbehang muß nicht notwendigerweise von ein Paar Schärpen begleitet sein. Man kann das Ensemble auch aus einem einzigen Stück Stoff fertigen, das man einfach über einer Vorhangstange drapiert. Ein zusätzlicher dekorativer Effekt ergibt sich durch Fransen, Bommeln oder Borten an der Unterkante des Querbehanges und an den Seitenkanten der Schärpen. Man kann auch den Querbehang auf einem Paar Vorhängen mit Schaube befestigen. Querbehang und Schärpen können auch aus unterschiedlichen Stoffen bestehen.

SCHABRACKEN

Stoffschabracken befestigt man an einem Holzbrett über dem Fenster. Die Unterkante kann gerade, gerafft oder gefältelt sein. Im allgemeinen befestigt man erst das Brett und achtet darauf, daß es mindestens so breit ist wie das Fenster selbst. Für die Größenverhältnisse gilt folgende Faustregel: Die Schabracke sollte ein Sechstel so hoch sein wie das Fenster. Wenn man sie höher gestaltet, erzielt man eine besondere Wirkung.

Das Ausschneiden des Stoffes

Für die Schabracke muß man an allen Seiten 5 cm zugeben (siehe „Schablone"). Das Futter, das Zwischenfutter (fakultativ) und ein steifes Stück Buckram oder der Besatz sollten gleich groß sein wie die Schablone.

Die Befestigung des Brettes

Zunächst entscheidet man, wo das Brett fixiert werden soll. Man befestigt es entweder nahe am Fensterrahmen oder deutlich oberhalb, wobei man das Brett breiter wählt, damit auch die Fenster umfangreicher wirken. Der eigentliche Vorhang wird unten am Brett befestigt. Es muß genügend Platz vorhanden sein, um den Vorhang öffnen zu können.

Man befestigt das Brett mit Winkelhaken oder schraubt es direkt auf den hölzernen Fensterrahmen. Man verwendet 1 cm dickes Sperrholz oder Weichholz mit einer Breite von mindestens 10 cm. Das Holzbrett sollte 5 cm länger sein als die Vorhangschiene. An den Seiten des Brettes schraubt man je ein quadratisches Stück mit einer Kantenlänge von 10 cm an, bevor man das Ganze fixiert.

Schablone

Die einfachste Schablone stellt man aus einem Stück Papier her. Es sollte etwas breiter sein als die endgültige Schabracke. In der Mitte falten. Die vorgesehene Form an der Unterkante skizzieren, ausschneiden. Die Papierschablone aufklappen, am Brett befestigen, die Wirkung überprüfen.

Wenn Sie eine geraffte oder gefältelte Schabracke mit einem Kräuselband herstellen wollen, müssen Sie natürlich erheblich Stoff zugeben, damit das endgültige Produkt auch wirklich gut aussieht. Dazu schneidet man eine zweite Schablone aus. Sie zeigt die Maße der Schabracke vor dem Raffen des Stoffes. Man mißt die Länge in einem Abstand von jeweils 10 cm auf der ersten Schablone und überträgt die Punkte im entsprechenden Abstand, der durch den Grad der Raffung bestimmt wird, auf die zweite. Ein Kräuselband für Dreifachfalten verlangt zum Beispiel das Zweieinviertelfache an Breite.

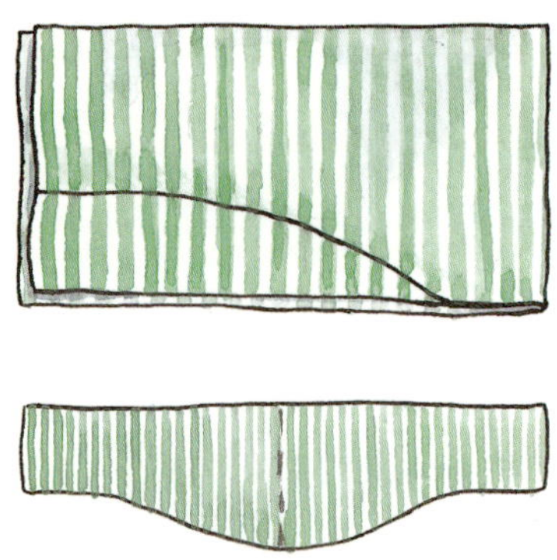

Eine geschwungene Schabracke

1 Man befestigt das Zwischenfutter (fakultativ) auf der linken Seite des Vorhangstoffes mit Heftstichen. Den Buckram in der Mitte über das Zwischenfutter legen, Ränder befestigen.

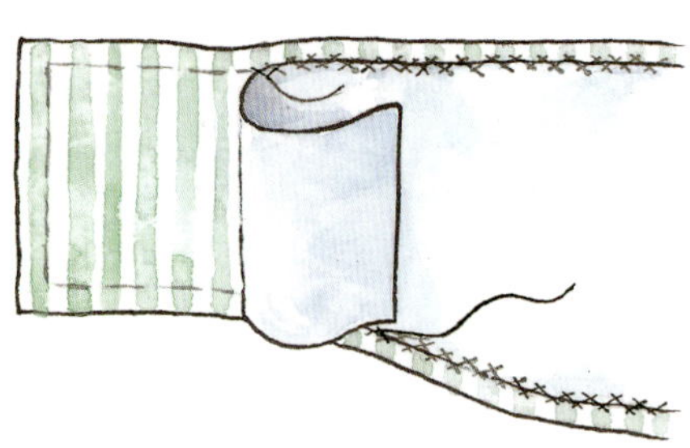

2 Die Saumzugabe des Vorhanges über den Buckram schlagen, die Ecken einschlagen, die Säume mit Hexenstichen befestigen.

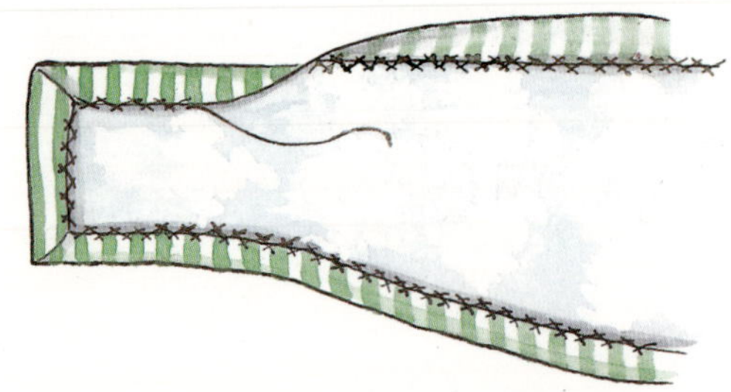

3 Die Säume des Futters soweit umschlagen, daß dieses überall rund 1 cm kleiner ist als die Schabracke. Das Futter mit Saumstichen an der ganzen Schabracke befestigen. An die Stirnseite des Brettes klebt man mit Leim ein Klettband. Den entsprechenden Streifen Klettband näht man auf die Rückseite der Schabracke. Schließlich befestigt man diese am Brett.

4 Es gibt noch viele weitere Verfahren, mit denen man die Schabracke am Brett befestigen kann. Man nimmt z. B. Stift- oder Heftklammern, die man anschließend unter einem Stoffstreifen oder einer Litze verbirgt. Man kann die Schabracke auch einfach mit einem Textilkleber am Brett befestigen. Man kann an der Stirnseite des Brettes auch Schrauben mit Ösen anbringen. Darin hängt man Haken ein, die man an der Schabracke festgenäht hat.

Dekorative Alternativen

Schabracken sind geradezu ideal, um der Fensterdekoration einen persönlichen Touch zu verleihen. Bei der Gestaltung der Unterkante kann man der eigenen Phantasie freien Lauf lassen. Im Bild unten sind einige Ideen graphisch aufgezeichnet. Stoffschabracken lassen sich auch raffen und in Falten legen und wirken über einem Paar einfacher, flacher Vorhängen sehr dekorativ. Eine zusätzliche Dekoration ist durch das Anbringen von Fransen, Bommeln, Tressen und Litzen möglich.

Geraffte Schabracken

Für eine geraffte Schabracke braucht man ein Stück Stoff, das doppelt so breit ist wie die vorgesehene Schabracke und zusätzlich oben ein ungerafftes Stück Stoff normaler Schabrackenbreite. Für das Futter gilt das Entsprechende. Dazu kommt ein Stück Stoff oder eine Borte für die Unterkante der Schabracke sowie Buckram zur Versteifung.

1 Zunächst stellt man den oberen ungerafften Schabrackenabschluß (siehe Seite 172) her, läßt die Unterkante aber unbearbeitet.

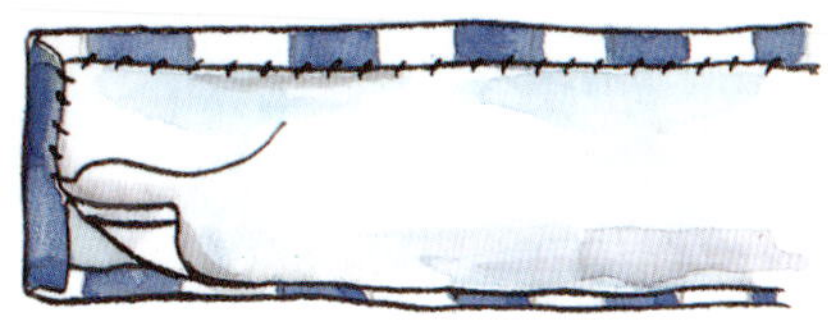

2 Man bringt ein ungefähr 7,5 cm breites Stück aus einem kontrastierenden Stoff an der Unterkante der gerafften Schabracke an. Es soll den unteren Abschluß bilden.

3 An den Seitenkanten der Schabracke näht man nach den Anleitungen auf Seite 164 das zugehörige Futter fest. Auch Unterkante mit Stichen befestigen.

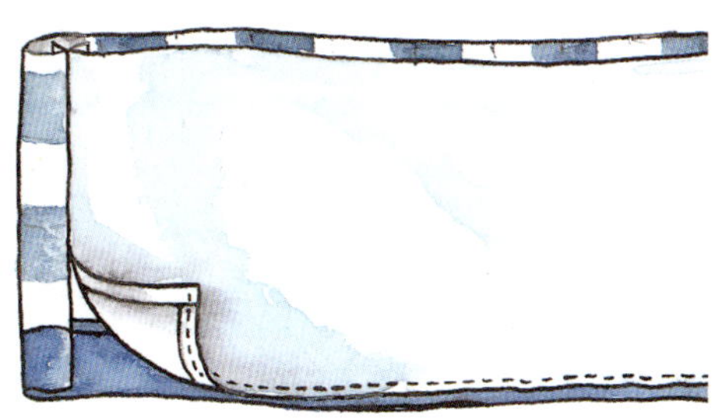

4 Man setzt zwei Reihen von Kräuselstichen in einem Abstand von ungefähr 1 cm von der Oberkante. An den Fäden ziehen, bis die gewünschte Raffung erreicht ist und die geraffte Schabracke die richtige Breite aufweist.

5 Den ungerafften oberen Schabrackenabschluß und die geraffte Schabracke, die rechten Seiten aufeinander, vernähen. Man näht dabei durch den Stoff und das Futter der Hauptschabracke und den Stoff (aber nicht das Futter) des Abschlusses.

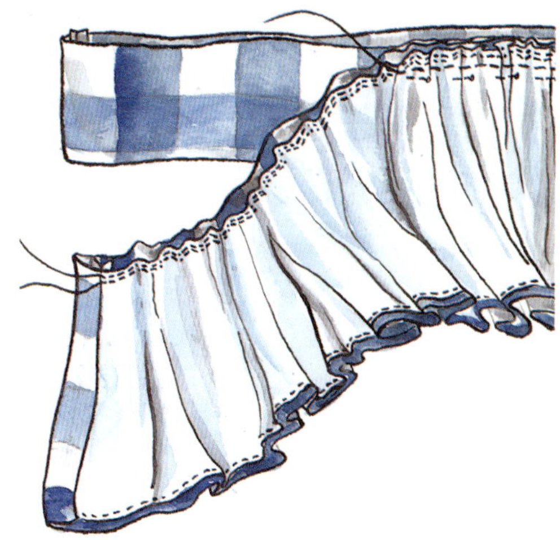

6 Die dadurch entstandene Naht verbirgt man unter dem Futter des oberen Abschlusses.

7 Die Schabracke bügeln, besonders den gerafften Teil, so daß die Falten gut hängen. Wenn man Klettband verwendet, näht man es in 2,5 cm Abstand von der Oberkante an.

ROLLOS

Vorhänge wirken dekorativ, während die Hauptaufgabe der Rollos darin besteht, Licht fernzuhalten und empfindliche Stoffe zu schützen.

Springrollos

Das sind die einfachsten Rollos: Sie bestehen aus einem Stück Stoff, der auf eine hölzerne Rolle oben am Fenstersturz aufgewickelt wird. Wenn man am Rollo zieht, bildet der Stoff einen flachen Schirm über der Fensterscheibe. Die jeweilige Höhe läßt sich leicht einstellen. Ein Mechanismus sorgt dafür, daß das Rollo auf der gewünschten Höhe einrastet. Wenn man es wieder hochziehen will, reicht ein kurzer scharfer Rück nach unten aus, um den Mechanismus zu lösen. Rollos sind ideal für schräge Fenster. Man kann sie in der Nähe des Fensterbrettes an einem Haken festmachen.

Für die benötigte Stoffmenge mißt man die Länge des Fensters aus und gibt 20 cm für den Tunnel mit der Latte an der Unterkante zu. Selbst wenn das Rollo ganz heruntergezogen ist, sollte der Stoff doch noch mit einer Lage die Rolle bedecken. Für die Breite des Rollos und des Stoffes addiert man 5 cm auf jeder Seite zur Fensterbreite. Wenn Sie das Rollo nur über die Fensterscheibe hängen wollen, messen Sie deren Breite und ziehen davon den Platz für die Halterung ab. Wahrscheinlich wird es Ihnen nicht gelingen, ein Springrollo mit genau den gewünschten Maßen zu finden. Am besten entscheiden Sie sich für das nächstgrößere Format.

Ausschneiden des Stoffes

Für Rollos gibt es Spezialstoffe, die steif genug sind, nicht ausfransen und auch im Sonnenlicht nicht verblassen. Man kann aber auch gewöhnliche Stoffe mit einer Flüssigkeit oder einem Spray so behandeln, daß sie die richtige Steifigkeit aufweisen. Wenn Sie sich für diese Methode entscheiden, führen Sie erst einen Test an einem Stück Stoff durch, um zu erfahren, wie er reagiert. Dann appretieren sie den Stoff vor dem Zuschneiden – weil er dabei nämlich einlaufen könnte. Man schneidet den Stoff genau auf Rollomaß zu und muß dabei rechtwinklig arbeiten, damit der Stoff frei herabhängt und sich wieder aufrollt.

Bau des Springrollos

1 Die metallenen Halterungen des Rollos an der Wand oder am Fensterrahmen befestigen – je nachdem wie das Rollo hängen soll. In der Regel montiert man die Halterungen mit der viereckigen Vertiefung auf der linken Seite, während die runde Vertiefung auf der rechten zu liegen kommt; Gebrauchsanleitung berücksichtigen.

2 Den Abstand zwischen beiden Halterungen messen und das Holz des Rollos und die Leiste an der Unterkante entsprechend zuschneiden. Die metallenen Endplatten, die dem Set beiliegen, nach Vorschrift im Holz befestigen.

3 Den Stoff zuschneiden und an der Unterkante einen Tunnel nähen, der hoch genug ist, um die Holzleiste aufzunehmen. Dieses Holzstück schließlich in den Tunnel stecken.

4 Die Schnur und den Schnurhalter mit Schrauben an der Holzleiste befestigen.

5 Eine schmale Zugabe für den Saum oben am Stoff umlegen. Die rechte Seite des Stoffes schaut nun zum Betrachter hin, und die runde Endplatte befindet sich rechts am Rollo. Nun befestigt man den Saum am Rollo mit 5 mm langen Stiften oder Klammern, die in einem Abstand von rund 5 cm voneinander gesetzt werden. Den Stoff aufrollen, das Rollo an den metallenen Halterungen befestigen. Dann unterzieht man das Rollo einem ersten Test und fährt so lange fort, bis sich der Mechanismus eingespielt hat.

Dekorative Unterkante

Springrollos kann man auf unterschiedliche Arten schmücken, etwa durch Bänder, Fransen oder Borten. An Stoffen mit starker Appretur kann man schlecht Nadeln feststecken. Deswegen klebt man das Band oder die Fransen auf der linken Seite mit Klebeband fest, näht durch das Band und den Stoff und entfernt schließlich das Klebeband. Eine ebenso hübsche Alternative besteht darin, die Unterkante des Rollos dekorativ zu gestalten.

1 Im Abstand von 7,5 bis 15 cm von der Unterkante des Stoffes eine Biese für die Holzleiste nähen.

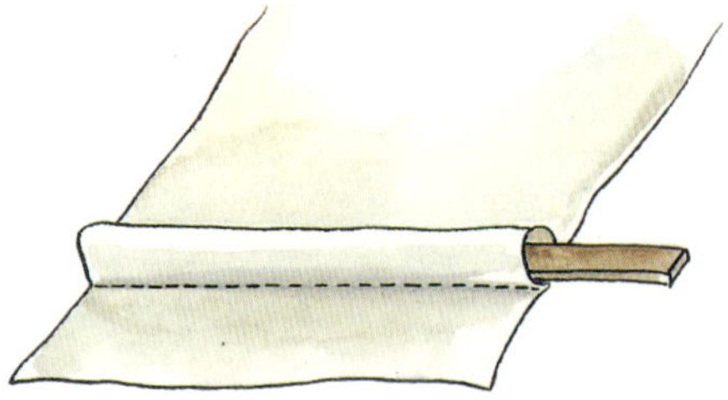

2 Ein Stück Papier von der Breite des Randes halbieren, Muster aufzeichnen, ausschneiden.

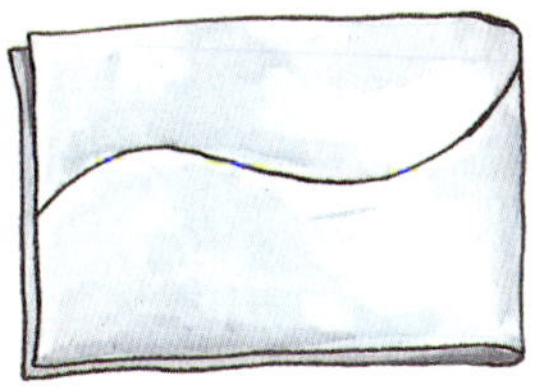

3 Die Papierschablone öffnen und auf der Rückseite des Stoffes mit Klebeband befestigen. Das Muster auf den Stoff übertragen und ausschneiden.

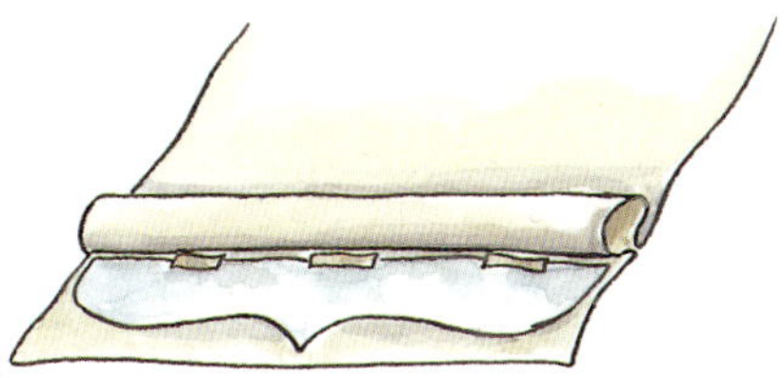

4 Wenn man ein sich wiederholendes Muster wählt, faltet man das Papier mehrfach und schneidet durch alle Papierschichten hindurch.

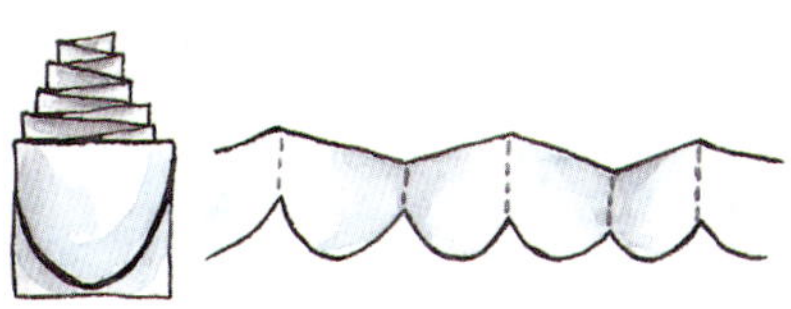

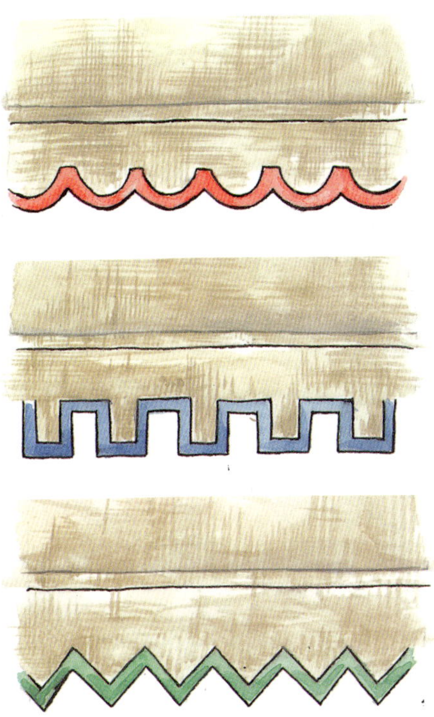

Faltrollos

Zur Herstellung von Faltrollos gibt es mehrere Verfahren und Systeme. Im Prinzip funktionieren sie über senkrechte Zugschnüre, die durch Ösen oder Ringe in speziellen Bändern auf der Rückseite des Rollos gezogen werden. Die Faltrollos hängt man so auf, daß sie entweder den gesamten Fensterrahmen oder gerade nur die Fensterscheiben bedecken. Bei diesem zuletzt genannten Fall kann man sie mit ein Paar Vorhängen kombinieren.

Für ein Standardfaltrollo braucht man folgendes: 2 Stücke Stoff, die so breit und so lang sind wie das Fenster – wenn das Rollo auch den Fensterrahmen bedecken soll, gibt man bei der Länge 9 cm und bei der Breite 11,5 cm hinzu (sonst nur je 2,5 cm); spezielle Bänder, die für die Faltung verantwortlich sind und von denen es viele verschiedene Modelle gibt; Zugschnüre aus Nylon, die durch die Ösen oder Ringe der Bänder geführt werden und die doppelt so lang sein sollten wie die Rollos plus eine Rollobreite; so viele Schraubösen wie Bänder; eine Holzleiste von 2 x 5 cm Stärke; eine weitere 3 cm breite Leiste; Klettband; Winkelhaken zur Befestigung des Rollos an der Wand oder am Fensterrahmen.

1 Das Faltrollo wird an einer Holzleiste befestigt. Diese passend zur Fensterbreite zuschneiden und mit Winkelhaken an beiden Seiten des Fensters befestigen. Mit einer Heftmaschine oder mit Stiften fixiert man ein Klettband an der Holzleiste.

2 Man legt die beiden Stoffstücke mit den rechten Seiten aufeinander, befestigt sie mit Nadeln, dann mit Heftstichen und näht sie schließlich mit der Maschine längs den beiden Seitenkanten und längs einer kurzen Kante zusammen, wobei man für den Saum 1 cm stehenläßt. Umdrehen und flachbügeln. Zwei Spezialbänder passend zur Länge des Rollos zuschneiden. Der erste Ring (oder Öse) sollte 15 cm unter der Oberkante des Rollos stehen. Beide Bänder an den Seitenkanten mit Nadeln befestigen, mit der Maschine annähen. Die restlichen Bänder in einem Abstand von jeweils rund 30 cm annähen und dabei darauf achten, daß die Ösen (oder Ringe) über das ganze Rollo hinweg auf der gleichen Höhe stehen.

3 Unterkante des Stoffes um 1 cm und dann um weitere 4 cm umschlagen und darin die Enden der Bänder miteinbeziehen, mit der Maschine festnähen. Die Holzleiste in den Tunnel an der Unterkante stecken, der Breite nach richtig zuschneiden, die Enden von Hand zunähen. Die Oberkante des Rollos um 1 cm umlegen und an dieser Stelle das zweite Band des Klettbandes annähen.

4 Die Nylonschnüre für jedes Band der Länge nach zuschneiden. Man bindet die Nylonschnur an der untersten Öse (oder Ring) fest und steckt sie durch alle weiteren Ösen (oder Ringe). Über jedem Band befestigt man an der Holzleiste eine Schrauböse. Das Rollo mit dem Klettband an der Holzleiste befestigen, die Nylonschnüre durch die Schraubösen ziehen und nach links verlängern. Die Nylonschnüre zusammenfassen, verknoten, überständige Enden abschneiden. Die Holzleiste schließlich mit Winkelhaken an der Wand befestigen. Für die Nylonzugschnüre kann man eine Klampe an der Wand fixieren.

BETTVORHÄNGE

Wenn das Bett vier Pfosten an den Ecken hat, kann man diese oben miteinander verbinden. Die Vorhänge brauchen dann nur noch an den Pfosten aufgehängt zu werden. Man kann sie leicht hin- und herziehen. Fehlen die vier Pfosten, was wohl der Regel entsprechen dürfte, so muß man Vorhangstangen oder -schienen an der Decke befestigen.

Vorhänge für ein Bett mit vier Eckpfosten

1 Zunächst muß man die Stoffmenge für jeden Vorhang berechnen. Dazu mißt man den Abstand zwischen den Vorhangstangen, die die Eckpfosten verbinden, und dem Boden sowie die entsprechende Breite. Dabei muß man sich schon im klaren sein, wie weit man die Vorhänge überhaupt zuziehen will. Auf jeden Fall braucht man für eine gegebene Breite ungefähr das Eineinhalbfache an Stoff. Oben beträgt die Zugabe 10 cm. Man braucht auch einen 5 cm breiten Buckramstreifen.

2 Man fertigt die Bettvorhänge wie normale ungefütterte Vorhänge (siehe Seite 164), legt an der Oberkante jedoch einen Saum von 6 cm um. Diesen wieder öffnen, den 5 cm breiten Buckram bündig zur gefalteten Linie einlegen, den Saum umklappen. Ösen mit einem Durchmesser von 20 mm durch den Stoff und den Buckram stanzen. Man zieht durch jede Öse Stoffstreifen oder Kordeln.

Kronenbaldachin

Kronenbaldachine werden meist an runden Elementen am Kopfende des Bettes fixiert. Die Auswahl ist groß. Man kann den Stoff auch über eine Stange drapieren, die an der Decke hängt. Gute Dienste leistet auch ein rundes Kopfbrett oder ein kreisförmiger Träger.

Einfacher Kronenbaldachin

1 Der Baldachin wird über eine Vorhangstange drapiert, die parallel zur Längsachse des Bettes an der Decke oder an der Wand festgeschraubt ist. Die Stange sollte ungefähr 60 cm lang sein, so daß eine normale Stoffbahn von 120 cm Breite ausreicht.

2 Die Entfernung von der Vorhangstange bis zum Boden abmessen und mindestens 30 cm hinzugeben, weil der Stoff von Raffhaltern an der Wand zurückgehalten wird; für den unteren Saum 2,5 cm, für den Saum oben 1 cm zugeben. Die erhaltene Zahl verdoppeln.

3 Den Stoff halbieren. Wer ihn besonders füllig mag, schneidet für jede Seite zwei Bahnen und verbindet sie der Länge nach, wobei die rechten Seiten aufeinanderliegen (Saumbreite 1 cm). Die Muster müssen dabei aufeinanderpassen. Kanten versäubern, flachbügeln. Die beiden Stoffbahnen flach mit den rechten Seiten aufeinanderlegen und oben vernähen (Saumbreite 1 cm). Auf dieselbe Weise stellt man auch das Futter her.

4 Das Futter an den Seitenkanten auf den Vorhang nähen, wobei die rechten Seiten aufeinanderliegen und die Saumzugabe 1 cm beträgt. Wenden und flachbügeln. An den Unterkanten 2,5 cm einschlagen, Futter und Vorhang sachgerecht miteinander vernähen. Am Saum in der Mitte befestigt man nun ein Standardkräuselband (siehe Seite 164), natürlich auf der Unterseite des Stoffes. An den Zugschnüren so lange ziehen, bis der Stoff genau auf die Vorhangstange paßt. Das Ganze drapieren, den Stoff mit Raffhaltern fixieren, die an der Wand zu beiden Seiten des Kopfendes befestigt werden.

Kronenbaldachin mit Kopfbrett

Dieser Bettvorhang besteht aus drei Teilen, einem rückwärtigen und zwei seitlichen. Sie hängen von einem halbkreisförmigen Kopfbrett oder einem metallenen Halter, der in einer Höhe von 1,2 bis 1,4 m über dem Bett an der Wand befestigt ist. Bei einem Einzelbett nimmt man zwei Stoffbahnen für den rückwärtigen Vorhang, bei einem Doppelbett drei. Die seitlichen Vorhänge kommen mit einer oder eineinhalb Stoffbahnen aus.

1 Man befestigt das Kopfbrett mit einem Winkeleisen an der Wand. Wir verwenden hier ein Stück Preßspanplatte mit einer Dicke von 2,5 cm; die Breite beträgt 40 cm, die Tiefe ungefähr 25 cm. Unten ist eine Vorhangschiene befestigt.

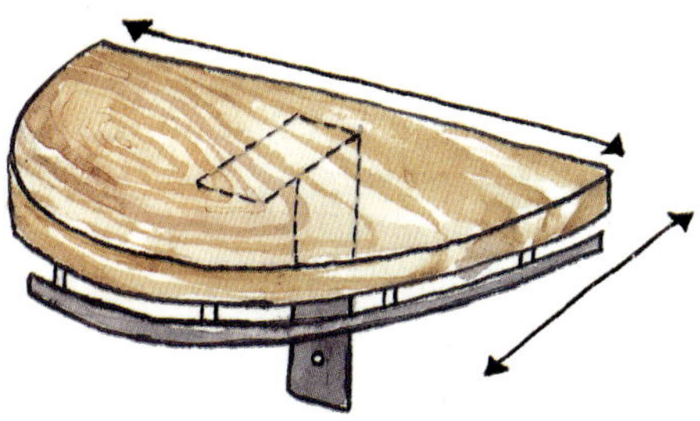

2 Man mißt die Stofflänge von der Vorhangschiene bis zum Boden wie bei den normalen Kronenbaldachinen (siehe Seite 176). Die Falten fallen entweder gerade auf den Boden, so daß sie überall denselben Abstand vom Boden halten, oder sie sind gestaffelt. Wer gestaffelte Falten wünscht, mißt die Vorhanglänge an der Wand entlang wie auf Seite 176. Wer gerade Falten vorzieht, die einen bündigen Abschluß mit dem Boden bilden, mißt die Vorhanglänge hingegen entlang der Vorderkante der Seitenvorhänge. Zugabe für Saum Unterkante 5 cm, Saum oben 2,5 cm.

Gestaffelte Falten

Gerade Falten

3 Man näht den rückwärtigen Vorhang und die beiden Seitenvorhänge zu einem einzigen großen Stück und verwendet für alle Teile denselben Stoff, so daß er vom Bett aus attraktiv aussieht. Wenn der Vorhang in geraden Falten auf den Boden fallen soll, läßt man die Unterkante vorerst unvollendet. Man bringt Haken am Kräuselband an, rafft den Vorhang so, daß er zur Schiene des Kopfbrettes paßt. Für die Raffhalter befestigt man Schraubösen an der Wand.

4 Man markiert die Lage des Raffhalters an der Naht zwischen den Seitenvorhängen und dem rückwärtigen Vorhang. Die Naht auf einer Länge von ungefähr 15 cm auftrennen. Die Ränder des Loches mit Saumstichen befestigen.

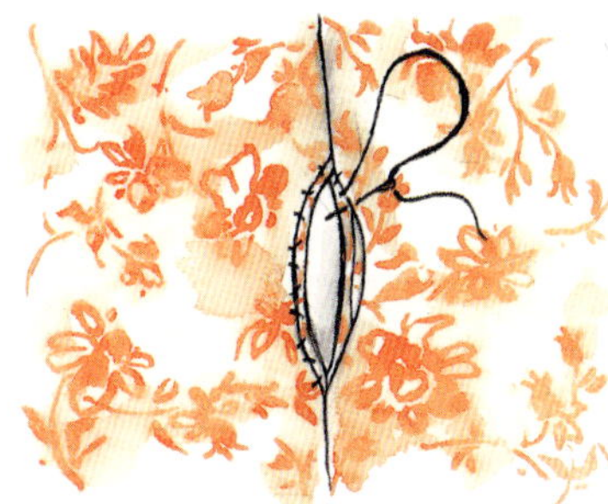

5 Die Vorhänge aufhängen, die Raffhalter befestigen. Sollen die Vorhänge gerade auf dem Boden aufliegen, so markiert man den Saum mit Stecknadeln. Vorhänge wieder herunternehmen und 5 cm unter dieser Linie abschneiden. Saum um 2,5 cm doppelt einschlagen und festnähen.

6 Für das Kopfbrett stellt man noch eine Schabracke her, die aus einem rund 9 cm hohen geraden und einem 11 cm hohen gerüschten Teil besteht.

Halbhimmelbett

1 Die Gesamtlänge des Stoffes bemißt sich nach der Höhe über dem Boden, wo der Baldachin an der Wand befestigt ist (abhängig von der Deckenhöhe, in der Regel rund 2,2 m) und der Gesamtlänge des Bettes. Man nimmt einen Stoff, der auf beiden Seiten gut aussieht. Er sollte auch gleich breit oder breiter sein als das Bett, um zu verhindern, daß man zwei Stoffbahnen miteinander verbinden muß.

2 Den Stoff auf die Bettbreite zuschneiden. Die langen Seitenkanten und die kurze Kante am Kopfende mit Schrägstreifen einfassen (siehe Seite 181).

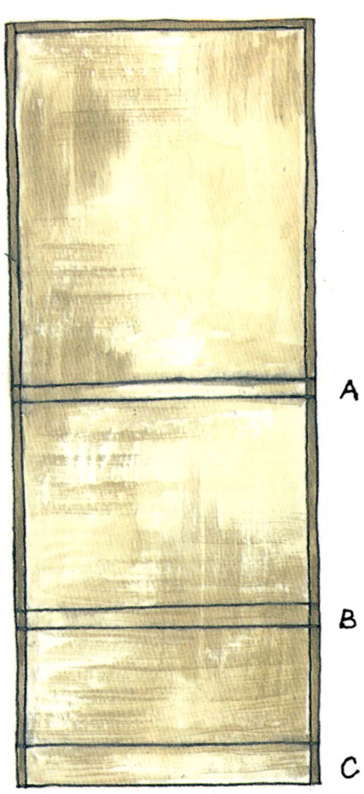

3 Beim Punkt B näht man eine Biese oder einen Tunnel, der eine Holzstange mit einem Durchmesser von 2 cm aufnimmt. Beim Punkt C näht man einen Saum, der eine weitere solche Holzstange aufnimmt.

4 Beim Punkt A näht man auf der ganzen Breite des Baldachins ein 3,5 cm breites Klettband an. An der Wand befestigt man mit Schrauben in der richtigen Höhe eine Holzleiste in der Stärke von 3,5 x 1 cm. Darauf fixiert man das zweite Klettband mit Nägeln oder Heftklammern.

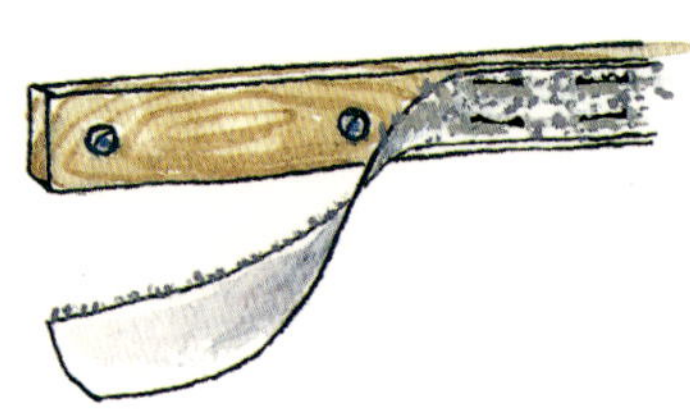

5 Bei B zieht man die Holzstange durch die Biese. Sie sollte zu beiden Seiten um 2,5 cm vorstehen. In jedes Ende ein kleines Loch bohren und zwei Ringe befestigen. Durch die obersten Ringe eine Kordel ziehen. Den Baldachin am Klettband an der Wand befestigen, den richtigen Aufhängungspunkt in der Decke für die Kordeln festlegen, dort je eine Schrauböse anbringen, aufhängen. Die zweite Holzstange durch den Saum an der Unterkante des Baldachins stecken. Die Stange sollte genau gleich breit sein wie der Baldachin.

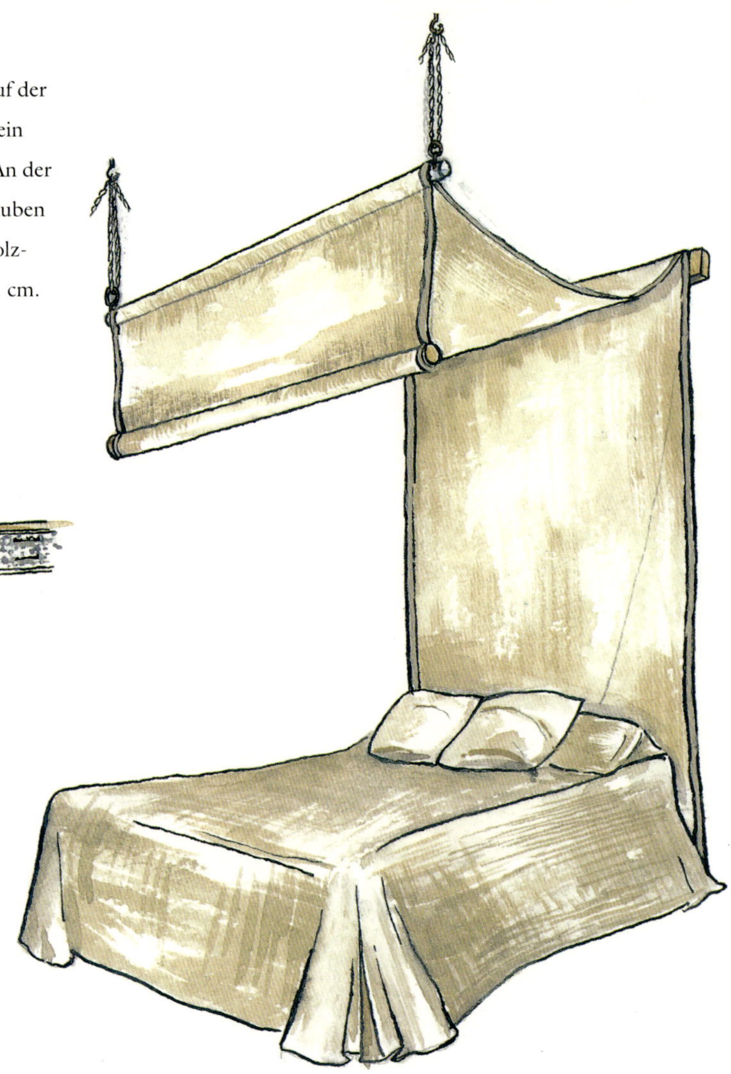

NÄHTECHNIKEN

Diese kurze Einführung in die Technik des Handnähens erhebt keinen Anspruch auf Vollständigkeit. Es kommen hier nur die wichtigsten Verfahren zur Sprache, die man für die Fertigung von Vorhängen und Rollos braucht.

HANDSTICHE

Mit diesen Stichen erreicht man bei der Fensterdekoration ein professionelles Finish. Obwohl uns die Nähmaschine den größten Teil der Arbeit abnimmt, muß man an manchen Stellen doch immer noch von Hand nähen. Man erreicht damit eine größere Präzision und damit ein besseres Endergebnis. Man beginnt mit einem verborgenen Knoten oder einem doppelten Steppstich.

Heftstich

Mit diesem Handstich heftet man zwei oder mehrere Stofflagen provisorisch zusammen oder rafft ein Gewebe. Der Heftstich ist auf keinen Fall so stark, daß man ihn für eine definitive Naht verwenden darf. Wenn man an eine Stelle nicht mit der Maschine herankommt, verwendet man zum Verbinden zweier Stofflagen den Steppstich.

Man sichert den Faden mit einem Steppstich und setzt anschließend die Heftstiche in regelmäßigen Abständen. Wenn es nur um ein provisorisches Zusammenheften geht, kann man die Stiche ziemlich weit auseinandersetzen.

Wenn es darum geht, ein Stück Stoff zu raffen, so setzt man in einem Abstand von rund 5 mm zwei Nähte mit Heftstichen. Zunächst muß man gewiß sein, daß die Anfangspunkte gesichert sind. Am anderen Ende bleiben die Fäden lose. Man rafft nun den Stoff so gleichmäßig wie möglich, wobei man vorsichtig an den beiden Fäden zieht.

Steppstich

Man arbeitet von rechts nach links und steckt die Nadel ungefähr 3 mm hinter der Stelle ein, wo sie ausgetreten ist. Dann führt man die Nadel 3 mm vor der Stelle wieder heraus. Dabei verwendet man jeweils die letzten Einstichlöcher.

Hexenstich

Mit diesem Stich befestigt man Säume, besonders wenn darüber noch eine zweite Stoffschicht festgenäht wird. Man arbeitet von links nach rechts. Die Stiche werden jeweils diagonal versetzt oberhalb und unterhalb des Saumes angebracht. Auf der linken Stoffseite ergibt sich dadurch ein Muster wie bei einem Zaun aus X-förmigen Latten. Auf der rechten Seite des Stoffes sieht man nur je eine Reihe versetzter kurzer Stiche. Beim Hexenstich muß man mit ziemlich lockerem Faden arbeiten, sonst wird der Stoff gerafft.

Lockerer Saumstich

Dieser Stich ist besonders nützlich und dem Hexenstich vergleichbar. Der Faden wird aber sehr locker gehandhabt. Man näht damit Futter und Zwischenfutter fest.

1 Zunächst schlägt man den Saum um und befestigt das Futter am eigentlichen Stoff mit Stecknadeln. Den Faden oben mit einem Knoten oder einem doppelten Steppstich gut befestigen und einen ersten Stich durch das gesäumte Futter und den eigentlichen Stoff setzen. Dabei nimmt man bei jedem Stich nur ein paar Fäden vom Stoff mit.

2 Der nächste Stich wird in ungefähr 5 cm Abstand weiter entfernt gesetzt. Während man weiternäht, muß der Faden sehr locker gehalten werden.

Saumstich

Wie schon der Name verrät, befestigt man mit dem Saumstich die Kante eines Saumes. Man arbeitet von rechts nach links und setzt möglichst kleine Stiche. Die einzelnen Stiche sollten möglichst nahe beieinander liegen. Man näht dabei in einer kontinuierlichen Bewegung. Man darf den Faden aber nicht zu stark spannen.

NÄHTE

Das Aussehen von Dekorationsstoffen wird von schlecht gesetzten Nähten erheblich beeinträchtigt. Vor dem Nähen achtet man darauf, daß die Enden genau aufeinanderliegen und daß somit die Zugaben identisch sind.

Gerade Nähte

1 Man legt die Stoffe mit der rechten Seite aufeinander, befestigt sie mit Stecknadeln oder Heftstichen und setzt dann mit der Maschine eine Naht. Wenn man nicht sehr präzise arbeitet, kann sich der Stoff verwerfen. Dann geht man wie unten beschrieben vor.

2 Alle Heftnadeln entfernen, die Saumzugaben aufklappen und flachbügeln.

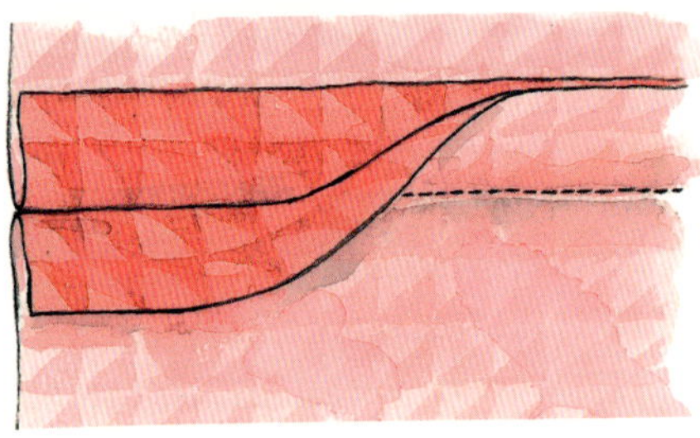

Gebogene Nähte

Bei gebogenen Nähten ergibt sich das Problem, daß an den Säumen durch das Verstürzen zu viel Stoff vorhanden ist. Das verhindert man durch V-förmiges Einschneiden oder Einknipsen des Saumes.

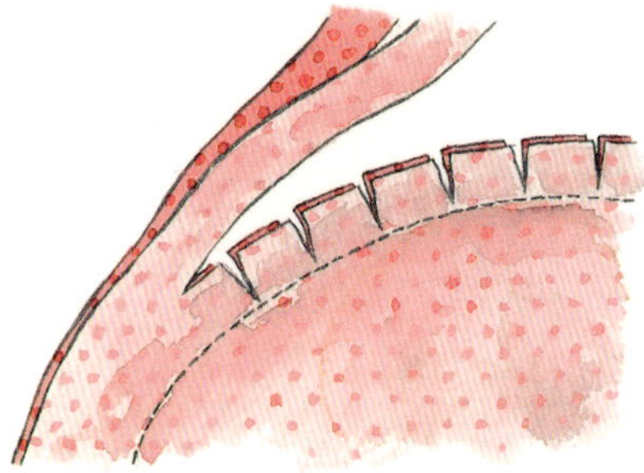

Französische Nähte

Französische Nähte sehen sehr sauber aus, können aber durch die vierfache Stofflage dick wirken.

1 Die Stoffe mit der linken Seite aufeinanderlegen, mit einem schmalen Saum zusammennähen. Aufklappen und festbügeln. Dann verbindet man die beiden Stoffe noch einmal mit einer Naht, die ungefähr 1 cm entfernt liegt.

Abgesteppte Nähte

Ideal, wenn man das Muster zweier Stoffe rechts auf rechts passend aneinanderlegen will.

1 Den Saum eines Stoffes um 1 cm umlegen, mit Stecknadeln am zweiten Stoffstück befestigen und dabei genau auf die Musterfortsetzung achten.

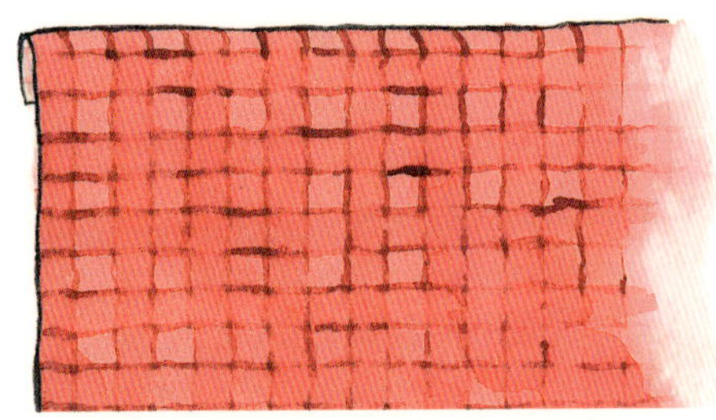

2 Nahe am gefalteten Saum auf der rechten Seite mit der Maschine eine Naht setzen.

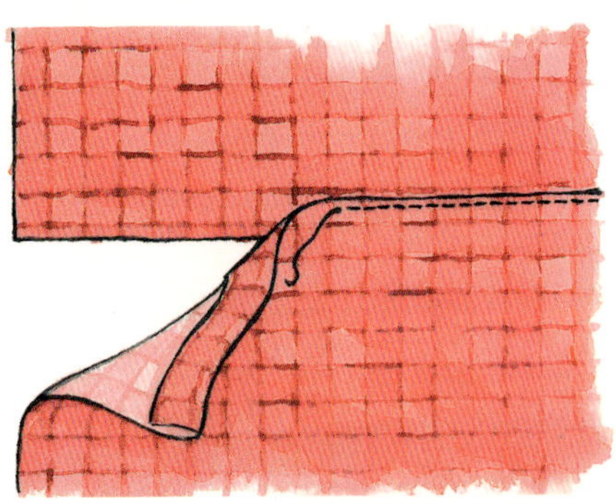

3 Eine zweite Naht parallel zur ersten sichert die Verbindung beider Stoffbahnen.

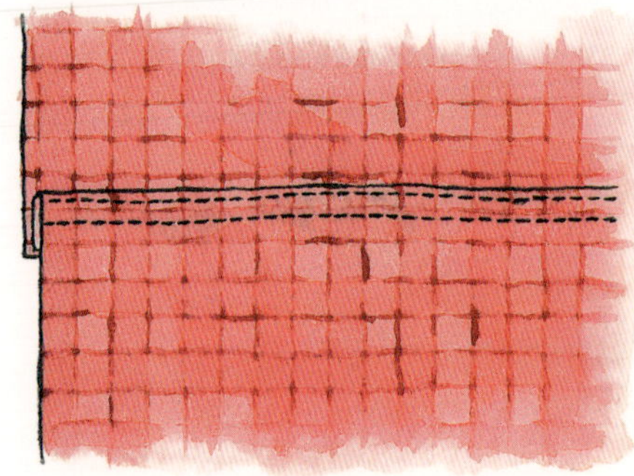

ECKEN EINSCHLAGEN

Wo zwei Säume aufeinandertreffen, entstehen unschöne Ecken, die man einschlagen muß, andernfalls wirken die Ecken zu dick oder verziehen sich. Das unten beschriebene Verfahren eignet sich auch für ungleich breite Säume, wie sie bei der Herstellung von Vorhängen oft vorkommen, weil die Unterkante breiter gesäumt ist als die Seitenkanten.

1 Man legt den Saum an der Unterkante und der Seitenkante mit den jeweils geforderten Maßen um. Wenn man den seitlichen Saum schon mit Heftstichen befestigt, läßt man genügend Abstand zur Unterkante. Flachbügeln und die Falten öffnen. Die Ecke diagnoal einschlagen, so daß die Faltlinien übereinanderliegen. Flachbügeln.

2 Die Ecke diagonal abschneiden, wie im Bild unten dargestellt.

3 Die Säume erneut einschlagen, mit einem Saumstich miteinander befestigen.

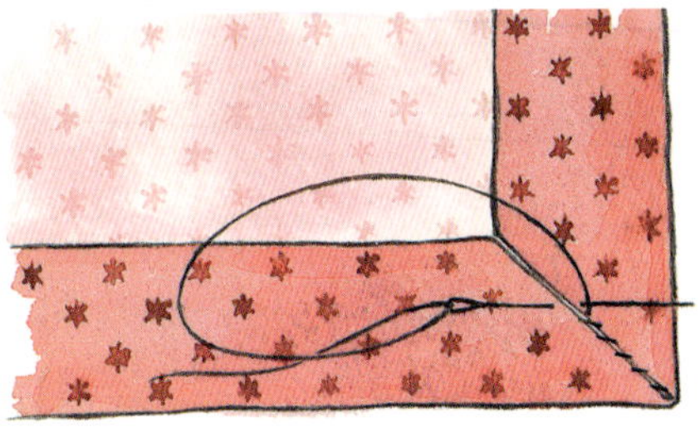

4 Dieses Verfahren eignet sich auch gut für Vorhänge mit unterschiedlichen Saumbreiten. Wo die beiden Säume aufeinanderstoßen, verbindet man sie mit Saumstichen.

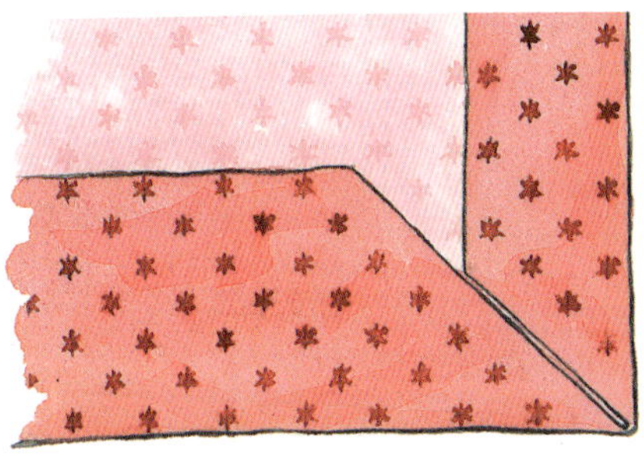

EINFASSEN

Das Einfassen ist ein einfaches, effizientes Verfahren, um Kanten zu versäubern. Gleichzeitig erhält man dadurch einen atraktiven Abschluß für Vorhänge und Rollos. Es gibt zwei Verfahren der Einfassung. Runde Abschlüsse lassen sich nur mit Schrägstreifen sauber einfassen.

Einfassen mit geraden Streifen

1 Man faltet und bügelt den geraden Streifen wie im Bild unten und legt ihn so an die Kante des Stoffes, daß die rechten Seiten aufeinanderliegen. Dann näht man die Einfassung mit der Maschine an der Kante fest, die der Kante des einzufassenden Stoffes am nächsten liegt.

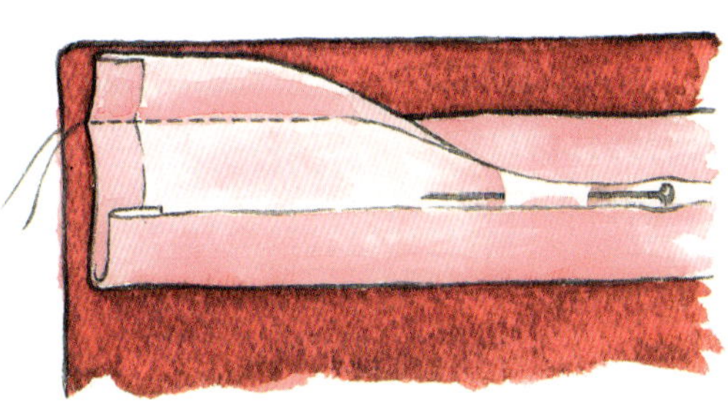

2 Den Streifen so umlegen, daß er auf der linken Seite des einzufassenden Stoffes zu liegen kommt. Mit Saumstichen befestigen.

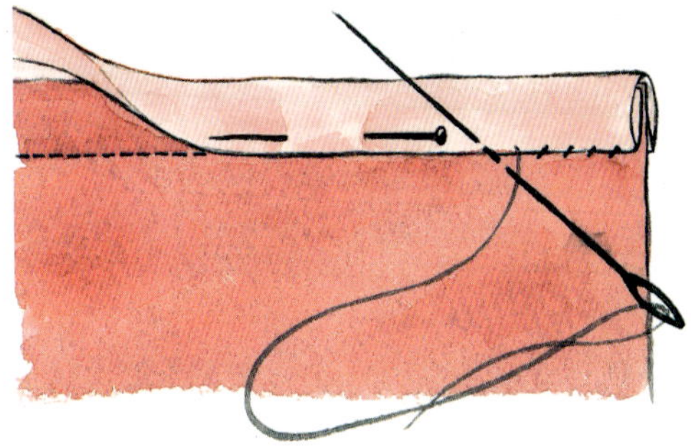

Schrägstreifen

1 Man schlägt eine Ecke des Stoffes so ein, daß von der Unter- zur Seitenkante ein Winkel von 45° entsteht. Als Schrägstreifen bezeichnet man jedes Band, das in einem Winkel von 45° diagonal zum Fadenverlauf geschnitten wurde.

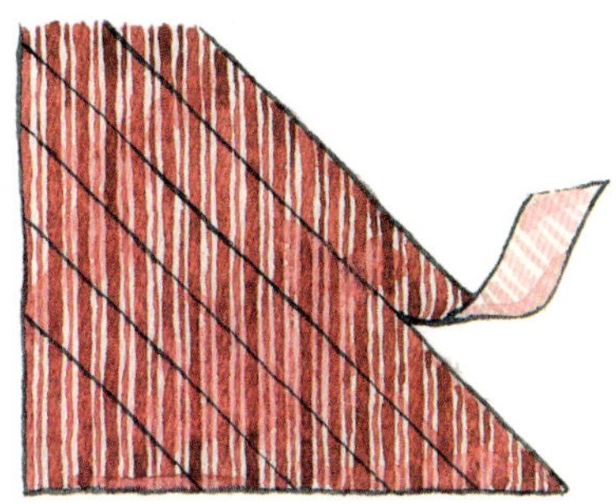

2 Man legt zwei Schrägstreifen aufeinander und näht sie 5 mm von der Endkante zusammen.

3 Den Saum aufklappen, die vorstehenden Dreiecke abschneiden und flachbügeln.

Ecken einfassen

1 Beim Einfassen um Ecken ergeben sich ähnliche Probleme wie bei aufeinanderstoßenden Säumen. Man legt den Stoffstreifen so auf, daß die rechten Seiten aufeinanderliegen. Mit der Maschine der Kante entlang bis zur Ecke nähen. Den Streifen diagonal einkniffen und die Falte auf den genähten Teil umklappen.

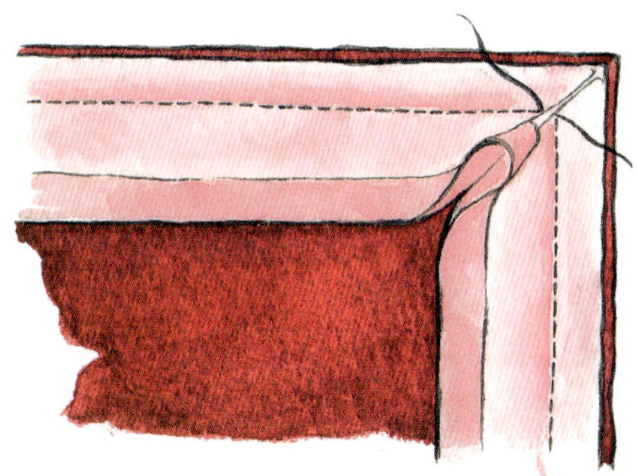

2 Alle weiteren Kanten genauso arbeiten. Dann den Streifen auf links wenden, den Saum einschlagen und vernähen, die Ecken diagonal einschlagen, flachbügeln und mit Stichen befestigen.

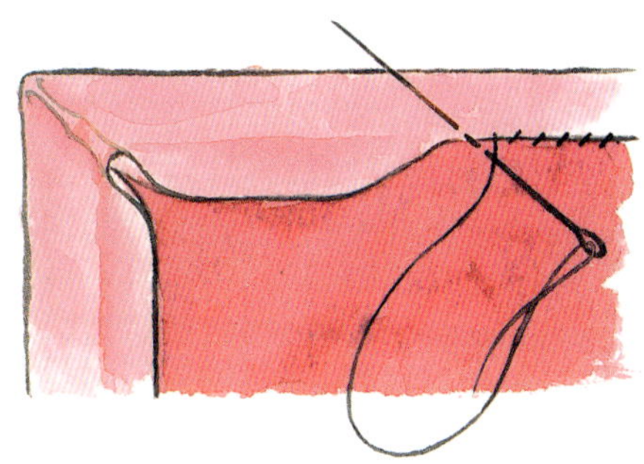

SCHLAUCH

Einfassungen kann man als Schlauch verwenden, durch den man eine Kordel zieht. Dabei müssen natürlich die Breite der Einfassung und der Kordeldurchmesser aufeinander abstimmt sein. Man wickelt die Einfassung um die Kordel und heftet sie mit Stecknadeln fest. Mit dem Reißverschlußfuß festnähen.

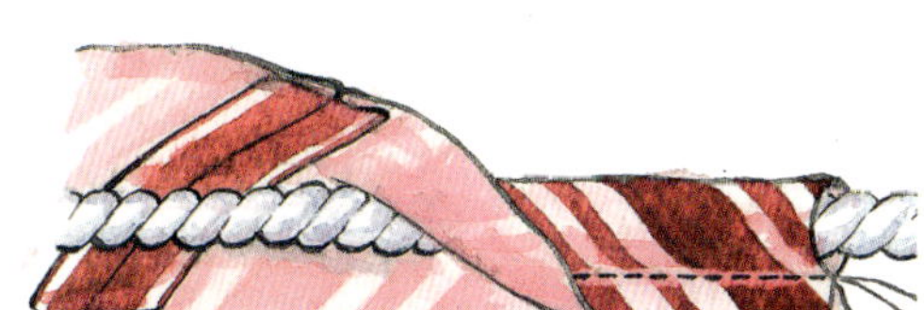

Fachbegriffe

Abschluß Allgemeine Bezeichnung für die Oberkante eines Vorhanges. Der Abschluß kann ganz einfach gestaltet sein. Als Dekoration kommen Falten sowie ein Querbehang oder eine falsche Schabracke in Frage. Für die Gestaltung des Abschlusses gibt es heute viele verschiedene Kräuselbänder.

Appliqué Eine aufgenähte zweite Stoffschicht, oft bestickt.

Appretur Bezeichnung für ein Verfahren der Textilveredelung. Bei der Appretur werden Glanz, Festigkeit, Aussehen, Griff und Gebrauchseigenschaften verbessert. Vorhangstoffe werden durch Appretieren oft steifer.

Architrav Im architektonischen Sinn der Hauptbalken, der auf zwei Säulen ruht. Oft bezeichnet man den oberen waagrechten Abschluß des Fensters, den Fenstersturz, als Architrav.

Baldachin Ursprüngliche Bezeichnung für einen wertvollen persischen Seidenstoff. Später nannte man den Stoffüberzug eines Himmelbettes Baldachin. Baldachine gab es auch über Thronen, Altären und Kanzeln.

Batist Zarter, fein gewebter Leinenstoff.

Brokat Schwerer, klassischer, kostbarer Stoff, ursprünglich oft mit Metallfäden durchwirkt. Früher stellte man meist Seidenbrokate her. Heute besteht ein Brokat aus Baumwolle bzw. einem Gemisch mit dieser Faser.

Buckram Ein Zwischenfutterstoff, stark appretiert, zur Versteifung von Stoffpartien.

Caféhausgardine Eine Gardine oder ein leichter, oft kariert gemusterter Vorhang, der meistens in halber Höhe des Fensters angebracht ist. Dadurch läßt er mehr Licht eindringen und wahrt gleichzeitig die Intimität eines Raumes. Caféhausgardinen haben oft einen bogenförmigen oberen Abschluß und sind an Schleifen aufgehängt.

Chintz Ein dichter Baumwollstoff, der seine glänzende Oberfläche durch Kalandrieren erhält. Dabei wird der Stoff zwischen aufgeheizten Rollen gewalzt. Dazu kommt meist eine leichte Wachsbehandlung auf der rechten Seite.

Cretonne Ein Dekorationsstoff aus Baumwolle, der unbeschichtetem Chintz sehr ähnlich sieht. Cretonne ist widerstandsfähig und läßt sich leicht waschen.

Damast Ein schwerer Stoff mit eingewebten Mustern. Seidendamast war besonders im 18. Jahrhundert beliebt. Klassische Tischdecken bestehen aus weißem Leinendamast. Die Bezeichnung Damast kommt von der Stadt Damaskus.

Dekoschal Bezeichnung für einen Übervorhang. Wie der Name sagt, dient er überwiegend der Dekoration. Die Funktion des Lichtschutzes und der Lichtregelung übernimmt dabei in der Regel ein Rollo.

Dekostoff Abkürzung für Dekorationsstoff, eine allgemeine Bezeichnung für Vorhänge oder Raumtextilien.

Embrasse Alte aus dem Französischen stammende Bezeichnung für einen Raff- oder Vorhanghalter.

Erker Ein Anbau an der Fassade oder an der Ecke eines Gebäudes. Erker erweitern den Wohnraum und haben meistens mehrere Fenster.

Fallblatt Eine einfach gestaltete Schabracke.

Faltrollo Ein Lichtschutz, der sich beim Hochziehen in gleichmäßige Falten legt. Diese Falten erhält man durch Einarbeiten von Querstäben und/oder durch besondere Bänder auf der Rückseite des Stoffes. Diese Bänder weisen an den entsprechenden Stellen Ösen oder Ringe auf, durch die die Zugschnüre laufen. Für die Gestaltung von Faltrollos braucht man steife, überwiegend einfarbige Stoffe. Das Faltrollo heißt auf Englisch „Roman blind".

Fenstersturz Der obere waagrechte Abschluß des Fensters, oft auch – und nicht ganz korrekt – Architrav genannt. Auch der Wandbereich über dem Fenster heißt oft Sturz.

Futter Vorhänge, die gut fallen und vor Lichteinwirkung geschützt sein sollen, werden gefüttert, das heißt man näht auf deren linke Seite eine zweite Stoffschicht, meistens einen einfarbigen Baumwollsatin.

Gardine Meistens versteht man unter „Gardine" einen durchsichtigen Fenstervorhang. Er macht eine Einsicht unmöglich, hält aber nicht viel Licht ab. Oft bezeichnet man alle Vorhänge unterschiedslos als Gardinen: Die Begriffe werden sehr unterschiedlich gehandhabt.

Gaze Feines, durchsichtiges Gewebe.

Halbhimmelbett Ein Himmelbett, dessen Baldachin nur ein Drittel oder die Hälfte des Bettes bedeckt.

Himmelbett Ein Bett, das an den vier Ecken je einen senkrechten Pfosten aufweist. Durch Vorhänge kann man dieses Bett auf allen vier Seiten abschließen. Oben ist das Bett von einem Baldachin überdeckt.

Jalousie Sonnenschutz aus schmalen Lamellen, die verstellt und um ihre Längsachse verdreht werden können. Die Lamellen sind aus Holz, Kunststoff oder aus Leichtmetall. Jalousienlamellen können waagrecht oder senkrecht angebracht werden.

Kräuselband Band mit eingewebten Zugfäden, das oben an den Abschluß des Vorhanges genäht wird, oft auch Gardinen- oder Reihband genannt. Beim Ziehen der Fäden kräuselt sich der Stoff und bildet je nach Band unterschiedliche Arten von Falten. Am Kräuselband werden auch die Halter, Ringe und Gleiter eingehängt.

Kronenbaldachin Betthimmel, der von einem kronenartigen Element herabhängt. Meist handelt es sich um ein halbkreisförmiges Konsolbrett an der Wand.

Laibung Mauerflächen, im rechten Winkel zum Fenster.

Lambrequin Ein meist steifer Querbehang über einem richtigen Vorhang. Lambrequins sind an konsolartigen Brettern befestigt und oft aufwendig dekoriert. Heute gilt der Begriff als leicht veraltet. Man sagt eher Schabracke.

Lit à la polonaise Ein Baldachin- oder Himmelbett aus dem 18. Jh.

Markise Der französische Begriff „marquise" bezeichnet eigentlich das Zeltdach von Offizierszelten. Heute verstehen wir unter einer Markise ein Sonnendach aus einem widerstandsfähigen Stoff, das über Balkonen und anderen Sitzplätzen gespannt wird. Markisenstoffe sind schwere technische Textilien.

Markisette Bezeichnung für ein gitterartiges Gardinengewebe.

Moiré Ein Gewebe mit einem Muster, das an Wasser, Flammen oder an die Maserung von Holz erinnert. Ein Moiré erhält man durch Behandlung von Stoffen im Kalander, einer Presse mit mehreren beheizten Walzen.

Musselin Leichter gazeartiger Baumwollstoff, früher oft der einzige Stoff für leichte Gardinen.

Paspel Ein schmaler Nahtbesatz, eine Nahteinfassung.

Portière Ein Vorhang vor einer Tür oder einem Durchgang von einem Raum zum anderen.

Posamenten Allgemeine Bezeichnung für textile Schmuckartikel wie Fransen, Litzen, Kordeln, Bommeln. Viele Stildekorationen erfordern gewisse Posamenten.

Querbehang Obere Begrenzung einer Fensterdekoration, die meistens die Vorhangschiene verdeckt. Querbehänge können ganz unterschiedlich ausgebildet sein: Oft drapiert man sie nur über die Vorhangstange. Die Enden können dann in lange Schärpen auslaufen. Als Querbehänge bezeichnet man auch Schabracken und Lambrequins, die an konsolartigen waagrechten Brettern befestigt sind.

Raffhalter Vorhänge müssen oft auf der Höhe des Fenstersimses zur Seite gerafft werden. Dazu verwendet man Raffhalter. Sie bestehen aus textilem Material wie Stoffstreifen oder Kordeln oder aus metallenen Klammern (Embrasse).

Raffrollo Ein Rollo, das aus dem Faltrollo entstanden ist. Beim Hochziehen legt sich die Unterkante nicht in Falten, sondern wird bogig gerafft.

Reihband Andere Bezeichnung für das Kräuselband.

Rollo Das klassische Rollo ist das Springrollo. Hier wird ein Stoff auf eine Rolle aufgewickelt und von ihr wieder abgewickelt. Rollos dienen ursprünglich nur dem Schutz vor zu viel Sonnenlicht. Echte Springrollos enthalten einen Mechanismus mit Ratsche und Sperrklinke, die ein Einrasten in der gewünschten Höhe ermöglicht. Durch einen scharfen Ruck nach unten löst man diesen Feststeller und kann das Rollo auf neuer Höhe einstellen. Faltrollos legen sich beim Hochziehen in regelmäßige Falten. Raffrollos werden an der Unterkante gerafft und bilden Bogen.

Samt Sammelbezeichnung für Gewebe mit einem Flor, d.h. mit senkrecht nach oben weisenden Fasern. Samt gilt als einer der üppigsten Dekorationsstoffe. Wird der Flor länger als 3 mm, so spricht man von Plüsch.

Satin Ein Stoff, der auf einer Seite auffällig glänzt und auf der anderen stumpf bleibt.

Schabracke Ein Querbehang, der an einem waagrechten Brett über dem Fenster oder an einem Gesims befestigt wird. Aufwendige Schabracken nennt man auch Lambrequins, einfachere Schabracken Fallblätter.

Schärpe Seitlicher Abschluß eines Querbehanges oder einer Schabracke.

Schaube Tunnelartiger oberer Vorhangabschluß, durch den die Vorhangstange direkt geführt wird.

Smoken Eine Art Kräuseln des Stoffes in geometrischen Mustern, oft mit einem elastischen Nähfaden.

Spitzen Durchbrochene kunstvoll gemusterte Textilien, ursprünglich durch Klöppeln von Hand hergestellt, heute meist Maschinenarbeit.

Springrollo Bezeichnung für ein Rollo, dessen Stoff auf einem zylinderförmigen Träger aufgerollt wird. Springrollos haben einen Arretiermechanismus, der ein Feststellen auf jeder beliebigen Höhe ermöglicht.

Übervorhang Ein Vorhang, der über einem anderen Vorhang, einer Gardine oder einem Rollo liegt. Gelegentlich spricht man auch von einem Dekoschal.

Vorhang Eine Fensterdekoration. Manche verwenden das Wort „Vorhang" als Oberbegriff für alle textilen Fensterdekorationen, nämlich Schabracken, Lambrequins, Rollos, Gardinen und die eigentlichen Vorhänge oder Übervorhänge aus festen, oft üppigen Stoffen. Andere reservieren den Begriff nur für diese Übervorhänge, die ihrerseits wieder über Rollos oder Gardinen liegen.

Voile Hauchdünner Stoff aus Baumwolle oder Polyester. Das französische Wort „voile" bedeutet Schleier.

Zwischenfutter Das Zwischenfutter liegt zwischen dem eigentlichen Vorhang und dem Futter.

Bezugsquellen

Apelt GmbH
An der Rench 2
77704 Oberkirch

Ardison Heimtextilien GmbH
Spellerstr. 54
33758 Schloß Holte-Stukenbrock

Beck Textil-GmbH
Riedericher Str. 80
72766 Reutlingen

Bel'Air Gardinen
Katharinenstr. 39
36103 Flieden

Benthin Sonnenschutz GmbH
Osterstaader Str. 16
27572 Bremerhaven

Bertelsmann & Niemann
Stieghorster Str. 62
33605 Bielefeld

Bratengeier KG
Fichtelgebirgsstr. 3
95032 Hof

Breuer Mechanische Weberei
Austr. 6
95460 Bad Berneck

Bünger Bob-Textilwerk
Wichlinghauser Str. 38
42277 Wuppertal

Cordes GmbH
Säerbecker Str. 141
48268 Greven

Delius & Söhne
Goldstr. 16
33602 Bielefeld

Döfix-Döhlemann GmbH
Tobelwasenweg 25
73235 Weilheim

Eftex-Texmato GmbH
Klöcknerstr. 19
49090 Osnabrück

Faber & M. Becker GmbH
Kirchheimer Str. 86
73235 Weilheim

Faltina Nova
Bahnhofstr. 23 a
32765 Detmold

Fischbacher GmbH
Simonshöfchen 27
42327 Wuppertal

Frohn GmbH
Hofer Str. 41
95197 Schauenstein

Fuggerhaus Stoffe
Zeugg. 7
86150 Augsburg

Furnitex Stoffe GmbH
Industriestr. 8
26860 Bad Zwischenahn

Gardinenfabrik Obrigheim GmbH
Hochhäuser Str. 41
74147 Obrigheim

Gardinia Vorhang-schienenfabrik
Neutrauchburger Str. 20
88316 Isny

Gerster GmbH
Memminger Str. 18
88400 Biberach

Gesellschaft für Elbersdrucke mbH
Dödterstr. 10E
58095 Hagen

Gittel Triagwerke
Neue Welt 2
96215 Lichtenfels

Gottschald & Co.
Borsigstr. 25
47809 Krefeld

GVW Raumdekor
Stolberger Str. 172
52068 Aachen

Haberland GmbH
Breite Lieth 3
27442 Gnarrenburg

Hanseatisches Seidenkontor
Daimlerstr. 16
25337 Elmshorn

Harlequin Wallcoverings GmbH
Colmarer Str. 1
79575 Weil am Rhein

Hartmann & Schreiner GmbH
Karrystr. 17
36041 Fulda

Hogara Gardinenfabrik
Mühlackerweg 25
72393 Burladingen

Irisette GmbH
79669 Zell

Walter Kern
Untere Hauptstr. 7
85376 Massenhausen

Kneitz & Co.
Herbert-Kneitz-Str. 32
95339 Wirsberg

Kornbusch & Starting GmbH
Heidener Str. 74
46325 Borken

Künzel KG
Hofer Str. 72
95127 Oberkotzau

Kupferoth-Drucke
Gruber Str. 66
85586 Poing

Landwehr Textilfabrik
Industriestr. 10
73441 Bopfingen

Loehner GmbH
Brunnenweg 6
95179 Geroldsgrün

Maiflor-Natur
Hinterstöck 4
72406 Bisingen

Marktex Palmiotta
Am Auernberg 2
61476 Kronberg

Matex Gardinen
Ostring 37
63533 Mainhausen

Meyer Heimtextilien
Hufnerstr. 51
22305 Hamburg

Arno Nickel GmbH
E.-C.-Baumann-Str. 4
95326 Kulmbach

Nordtek Import Export
Winterg. 60
69460 Weinheim

Nürnberger Gobelin-manufaktur
Bingstr. 40
90480 Nürnberg

Nya Nordiska Skandinavische Heimtextil
An den Ratswiesen 4
29451 Dannenberg

Oberfränk. Gardinenfabrik
Schopenhauerstr. 9
95447 Bayreuth

Plauener Gardine GmbH
Hammerstr. 60
08523 Plauen

Ferenc Puskas Dipl. Ing.
Pfarrer-Kessler-Str. 15
86554 Pöttmes

Rudolf Reeger GmbH
Limbeckstr. 63
44894 Bochum

Renz & Sohn GmbH
Ewald-Renz-Str. 1
76669 Bad Schönborn

Riedlinger Möbelstoff-weberei
Industriestr. 1
88499 Riedlingen

Rogler Sohn Möbelstoffe
Roglerstr. 2
95482 Gefrees

Rohi Stoffe
Schönlinderstr. 1
82538 Geretsried

Rohleder GmbH
Hofer Str. 25
95175 Konradsreuth

Walter Rossie Dipl. Ing.
Propsteistr.8
41749 Viersen

Sachsen Plüsch GmbH
August-Bebel-Str. 1-3
09661 Hainichen

Sahco Hesslein
Kreuzburger Str. 19
90471 Nürnberg

Saum & Viebahn GmbH
Baumannstr. 12
95326 Kulmbach

Ludwig Scheiding oHG
Nestelwasen 7
78727 Oberndorf

Schmidt GmbH Gardinenfabrik
Emil-Kränzlein-Str. 7
91052 Erlangen

Schmitz-Werke GmbH + Co.
Hansestr. 87
48282 Emsdetten

Friedrich Schoedel AG
Friedrich-Schoedel-Str. 21
95213 Münchberg

Schöpp GmbH
Burgerstr. 28
42929 Wermelskirchen

Gerhard Siemko GmbH
Pörbitscher Hang 17
95326 Kulmbach

Spinnerei u. Weberei Momm
Am Bleichanger 33
87600 Kaufbeuren

Studio-Textil
Bahnhofstr. 23 a
32756 Detmold

Werner Thoss GmbH
Schillerstr. 10
95152 Selbitz

Vauco Viehoff GmbH
Wicklinghauser Str. 53
42277 Wuppertal

Ludwig Voigtländer GmbH
Poststr. 15
95028 Hof

Vorwerk & Co. Möbelstoffwerke
Vorwerkstr. 4
95326 Kulmbach

Vossloh Decoration GmbH
Holsteiner Chaussee 49
22523 Hamburg

Gebr. Weishäupl
Schwanthalerstr. 49
80336 München

Wölfel & Co.
Sandwiesenstr. 1
64665 Alsbach-Hähnlein

Wunderwald & Co.
Friedensstr. 56
08523 Plauen

Zappe Bayreuther Gardinenweberei
Justus-Liebig-Str. 86
95447 Bayreuth

Architekten und Inneneinrichter

Die Seitenzahlen beziehen sich auf die Abbildungen.

Andrew Arnott und Karin Shack
Art & Design
517 High Street
Prahran
Victoria 3181, Australien
Karin Shack und ihr Mann Andrew Arnott haben beide Design studiert. Eine elegante Einfachheit und die Liebe zum Detail charakterisieren ihre Arbeit. (Seite 49)

Ash Sakula Architects
38 Mount Pleasant
GB – London WC1X OAN
Eine Architekturfirma mit Sitz in London. (Seite 130, links)

Charlotte Barnes Interiors
26 Stanhope Gardens
GB – London SW7 5QX
Die Inneneinrichterin Charlotte Barnes bevorzugt elegante, auffallend schöne und praktische Lösungen, die auf den jeweiligen Kunden und dessen Wohnung zugeschnitten sind. (Seite 29 unten, 36, 82 links, 100)

James Biber, AIA
Pentagram Architecture
204 Fifth Avenue
New York, N. Y. 10010, USA
Eine internationale Partnerschaft, die sich auf Architektur und Inneneinrichtung spezialisiert hat. (Seite 33)

Mary Bright
Seit 1986 hat sich Mary Bright auf das Design von Vorhängen und verwandten Elementen spezialisiert. Sie konzentriert sich auf die funktionalen und ästhetischen Qualitäten des Entwurfes. Sie wurde schon „die führende avantgardistische Vorhangdesignerin in New York“ genannt. (Seite 32–33, 34 oben, 35)

Milly de Cabrol, Ltd.
150 East 72nd Street, Suite 2-C
New York, N.Y. 10021, USA
Die italienische Inneneinrichterin Milly de Cabrol lebt heute in New York. Sie kombiniert gern afrikanische, marokkanische und indianische Objekte und Stoffe und verleiht dadurch einem Raum einen exotischen Touch. (Seite 29 oben)

Carnachan Architects Limited
Architekten, Inneneinrichter und Landschaftsarchitekten
27 Bath Street
P.O. Box 37.717
Parnell
Auckland, Neuseeland
Die Architektenfirma ist berühmt für ihre innovativen, sorgfältig gestalteten und detailfreudigen Entwürfe. (Seite 113, 123 rechts, 127 oben)

Jacqueline Coumans
Le Décor Français
1006 Lexington Avenue
New York, N.Y. 10021, USA
Im Jahr 1983 gründete Jacqueline Coumans ihre eigene Firma. Sie importiert Stoffe aus Europa und stellt Vorhänge sowie Kissen her. (Seite 95)

Vincent Dané
Interior Design Antiques
50 Cranby Gardens
GB – London SW7 3DE
Vincent Dané entwarf mit Melissa Wyndham eine Kollektion von Dekorationsstoffen. Er arbeitet heute als Innendesigner. (Seite 46 links)

Françoise Dorget
Caravane
6 rue Paveé
F –75004 Paris
Die Firma hat einen starken Hang zu ungewöhnlichen Textilien und bietet selbstbedruckte und -gewebte Dekorationsstoffe an. Françoise Dorget gründete Caravane, eine Galerie für antike Textilien und Möbel. (Seite 30–31, 60 links, 77, 129)

Timney Fowler Design Studio
29 Warple Way
GB – London W3 ORF
Das Studio wurde 1979 gegründet und produziert eine eigene Möbelkollektion. Es hat auch über zwei Dutzend Stoff- und Tapetenkolletionen. (Seite 50)

Pierre Frey (UK) Ltd.
251-253 Fulham Road
GB – London SW3 6HY
Die Firma wurde 1935 gegründet und steht heute unter Leitung von Patrick Frey. Sie spezialisierte sich auf gedruckte und gewebte Dekorationsstoffe. (Seite 23, 66, 139 rechts)

Christophe Gollut
Alistair Colvin Limited
116 Fulham Road
GB – London SW3 6HU
Christophe Golluts Spezialität sind reiche, ungewöhnliche Räume, die undekoriert aussehen, doch Dauerhaftigkeit vermitteln. (Seite 14–15, 44–45, 61, 99, 151)

Annie Har
Sunnit Architects
10 Attunga Lane
Mount Glorious
Queensland 4520, Australien
Das abgebildete Haus befindet sich in Brisbane und gehört William Hayes und Annie Har. (Seite 116 unten)

Kelly Hoppen Interiors
2 Alma Studios
32 Stratford Road
Kensington
GB – London W8 6QF
Kelly Hoppens Stil ist übersichtlich und effizient und macht den Eindruck einer luxuriösen Einfachheit. Diese Wirkung geht auf das Nebeneinander üppiger und eher bescheidener Stoffe zurück. (Seite 10–11, 27, 37, 53, 69)

Stephanie Hoppen
17 Walton Street
GB – London SW3 2HZ
In der Arbeit dieser Inneneinrichterin werden sich verändernde Moden deutlich. Ihren Entwurf auf dem Umschlag führte Doreen Scott aus. (Seite 10–13, 93 unten, 153)

Interni Pty Ltd.
Interior Design Consultancy
15-19 Boundary Street
Rushcutter's Bay
Sydney 2010, Australien
Madeline Lester und Louise Bell leiten diese Firma, die lebhafte Wohnbereiche gestaltet. Dabei werden alle Aspekte des Designprozesses berücksichtigt, auch die Architektur und die Fensterdekoration. (Seite 55 unten, 87 unten links und oben rechts).

IPL Interiors
Thames House
140 Battersea Park Road
GB – London SW11 4NY
François Gilles und Dominique Lubar gründeten die Firma IPL Interiors im Jahr 1980. Sie vertreten einen klassischen, aber zeitgenössischen Stil mit einem kontinentalen und gelegentlich einem ethnographischen Touch. (Seite 47 oben, 52, 57 oben, 80, 91, 110-111)

Jed Johnson & Associates
211 West 61st Street
New York, N. Y. 10023, USA
Jed Johnson gründete seine Firma im Jahr 1978. Sie ist auf Inneneinrichtung spezialisiert und steht unter der Leitung von Christine Cain und Arthur Dunnam. (Seite 83, 134–135)

Larcombe & Solomon Architects
Level 3, 397 Riley Street
Surry Hills 2010
NSW, Australien
Caroline Larcombe und Nicholas Solomon haben sich auf Inneneinrichtung spezialisiert. Jedes ihrer Projekte bleibt ein Einzelstück. (Seite 90 links und oben rechts)

Khai Liew Design
166 Magill Road
Norwood
South Australia 5067
Das Haus in Adelaide, Australien, das für das Buch fotografiert wurde, gehört Khai Liew und Sue Kellet. (Seite 118–119)

Hilton McConnico
8 rue Antoine Panier
F – 93170 Bagnolet
Hilton McConnico lebt in Paris und arbeitet als Maler, Stylist, Inneneinrichter, Fotograf und Designer. Er erhielt für seine Entwürfe zahlreiche Preise, und Museen auf der ganzen Welt haben seine Arbeiten erworben. (Seite 2, 65, 70–71)

Frédéric Méchiche
4 rue de Thorigny
F – 75003 Paris
Frédéric Méchiche hat eine Leidenschaft für jede historische Periode – von der Antike bis zur Gegenwart – und ist zu allererst einmal Architekt. Zu seinen Auftragsarbeiten gehörten Schlösser und Hotels in Großbritannien, französische Häuser und griechische Villen. Nachdem er mehrere Jahre in Paris für berühmte Firmen Entwürfe geliefert hatte, wurde er Art Director und Kostümdesigner für viele bekannte Filme von Truffaut. Er konzentriert sich aber lieber auf die Architektur, die Atmosphäre und die Objekte einer Inneneinrichtung. (Seite 16, 38–39, 105)

Andrew Parr
SJB Interior Design Pty Ltd.
Studio Southbank
5 Haig Street
South Melbourne 3205, Australien
Andrew Parr, der Geschäftsführer von SJB Interiors, hat sich auf Inneneinrichtung spezialisiert und arbeitet mit Synman Justin Blalek Architects zusammen. Er erhielt viele Designpreise und stellte im Sotheby's Decorator Show House im Jahr 1996 und in den Royal Botanical Gardens in Melbourne, Australien, aus. (Seite 86)

Campion A. Platt
641 Fifth Avenue
New York, N.Y. 10022, USA
Campion Platt leitet ein Architektur- und Inneneinrichtungsbüro, das private Residenzen entwirft und gestaltet. (Seite 74–75)

Charles Rutherfoord
51 The Chase
London SW4 ONP
Charles Rutherfoord hat Architektur und Inneneinrichtung studiert und bezieht sich auf strukturelle und plastische Konzepte. Er liebt ungewöhnliche Stoffe und Farbzusammenstellungen. (Seite 76 oben, 109 rechts)

John F. Saladino
305 East 63rd Street
New York, N.Y. 10021, USA
John Saladino begann 1972 mit Entwürfen zur Architektur und Inneneinrichtung. Er hat zahlreiche Preise für Inneneinrichtung und Möbeldesign gewonnen und ist überall in den USA tätig. (Seite 64, 120)

Henry Smith-Miller and Laurie Hawkinson, Architects
305 Canal Street
New York, N.Y. 10013, USA
Eine New Yorker Architektenfirma, die sich auf zeitgenössisches Design spezialisiert hat. (Seite 32 unten)

Tony Suttle
Woods Baget Pty Ltd.
64 Marine Parade
Southport
Queensland 4000, Australien
Tony Suttle ist Architekt und Inneneinrichter. (Seite 48 links)

Emily Todhunter Interiors
The Studio House
31 Kenley Walk
Holland Park
GB – London W11 4XG
Emily Todhunter hat mehrere Stilrichtungen entwickelt. (Seite 20 unten)

Stephen Varady Architecture
Studio 5
102 Albion Street
Surry Hills
Sydney 2010, Australien
Stephen Varady experimentiert gern mit Formen und neuen Materialien. (Seite 107 oben links)

Vicente Wolf Associates, Inc.
333 West 39th Street
New York, N.Y. 10018, USA
Diese zeitgenössische Designerfirma hat weltweit viele Wohnungen eingerichtet und dabei eigene Kollektionen entwickelt. (Seite 4–5, 20–21, 63, 72, 122, 131)

Bildnachweis

Sofern nicht anders angegeben, stammen alle Fotos von James Merrell.

A = Architekt(in) D = Design(er, erin) V = Vorhang
o = oben go = ganz oben u = unten gu = ganz unten
l = links r = rechts m = Mitte

Vorsatz und Nachsatz James Merrell; **1** Pariser Apartment von Charles Chauliaguet und Françoise Dorget, **D** Caravane; **2** Hilton McConnicos Haus in der Nähe von Paris; **3** Sue und Andy A'Courts Apartment in Blackheath, London; **4–5** Apartment von Shelly Washington (**D** Vicente Wolfe); **6 o VD** Mary Bright; **6 u D** Vincent Dané; **7 o D** Françoise Dorget, *Caravane*; **7 u VD** Mary Bright; **9** Elizabeth Whiting & Associates/Jean-Paul Bonhommet; **10–13** Ein Apartment in London (**D** Stephanie Hoppen, Ausführung Doreen Scott); **14–15** Ein Apartment in London, **D** Christophe Gollut; **16** Haus von Frédéric Méchiche in der Nähe von Toulon; **17** Arcaid/Richard Bryant/Goethes Gartenhaus in Weimar, Deutschland; **18–19** Apartment von Sue und Andy A'Court in Blackheath, London; **20 o A** Campion A. Platt; **20 u** Ein Apartment in London (**D** Emily Todhunter); **20–21** Apartment von Amy und Richard Sachs in New York (**D** Vicente Wolfe); **22 o** Apartment von Milly de Cabrol in New York; **22 u** Haus von Mr. & Mrs. Patrick Frey in Paris; **23** Haus von Mr. & Mrs. Patrick Frey in Paris; **24 l, om** Vincent Danés Haus in der Nähe von Biarritz; **24 gum, r** Ein Apartment in New York (**D** Jacqueline Coumans, Le Décor Français mit Hilfe von Olivier Gelbsmann); **25 ol** François Gilles & Dominique Lubar, IPL Interiors; **25 gul** Haus von Hilton McConnico in der Nähe von Paris; **25 r** Haus von Mr. & Mrs. Patrick Frey in Paris; **27** Apartment von Kelly Hoppen in London; **28** Dominique Vorillon/ Chris Coleman Design; **29 o** Apartment von Milly Cabrol in New York; **29 gu D** Charlotte Barnes; **30–31** Apartment von Charles Chauliaguet und Françoise Dorget in Paris, **D** Caravane; **32 VD** Mary Bright; **32 gur** Henry Smith-Miller & Laurie Hawkinson, **VD** Mary Bright; **33** Ein Apartment in New York (**D** James Biber von Pentagram, **VD** Mary Bright); **34 o VD** Mary Bright; **34 gu** Apartment von Charles Chauliaguet und Françoise Dorget in Paris, **D** Caravane; **35 or** Ogawa Depardon (**VD** Mary Bright); **36 D** Charlotte Barnes; **37** Apartment von Kelly Hoppen in London; **38–39** Haus von Frédéric Méchiche in der Nähe von Toulon; **40** Paul Ryan/ Internation Interiors (**D** Sasha Waddel); **41 l** Ein Raum in Stephanie Hoppens Apartment in London (**D** Kelly Hoppen und Doreen Scott); **41 om** Ein Haus in London (**D** Charles Rutherfoord); **41 gum, r** Apartment von Sue und Andy A'Court in Blackheath, London; **42 o** Robert Harding Picture Library/Homes & Gardens © IPC Magazines/ Jeremy Young; **42 gu D** Roger Banks-Pye; **42–43** Haus von Vincent Dané in der Nähe von Biarritz; **43** Apartment von Kelly Hoppen in London; **44–45** Apartment von Christophe Gollut in London; **46 l** Haus von Vincent Dané in der Nähe von Biarritz; **46 r** Khai & Sue Kellet; **47 o, ur** Françoise Gilles & Dominique Lubar, IPL Interiors; **47 gul** Haus von Mr. & Mrs. Patrick Frey in Paris; **48 l, or** Haus von Tony Suttle in Brisbane; **48 gur** Haus von Andrew Arnott und Karin Schack in Melbourne; **49** Haus von Andrew Arnott und Karin Schack in Melbourne; **50** Haus von Sue Timney in London (**D** Timney-Fowler Ltd.); **50–51** Haus von Sue Timney in London (**D** Timney-Fowler Ltd.); **51** Ein Apartment in London (**D** Nigel Greewood); **52** Ein Apartment in London (**D** François Gilles & Dominique Lubar, IPL Interiors); **53** Apartment von Kelly Hoppen in London; **54 l, or** Apartment von Kelly Hoppen in London; **54 gur** Christian Sarramon; **55 o** Christian Sarramon; **55 gu** Interni Interior Design Consultancy; **55 ol** Deidi von Schaewen (**D** Christian Astuguevielle); **56 or** Dominique Vorillon/Holden /Dupuy Design; **56 gu** David George; **57 o** Ein Haus in London (**D** François Gilles & Dominique Lubar, IPL Interiors); **57 gu** Agence Top/Pascal Chevlier (**D** Lilian Williams); **58** Tim Street-Porter (**D** Kathryn Ireland); **59 ol** Paul Ryan/International Interiors; **59 om** Haus von Vincent Dané in der Nähe von Biarritz; **59 or** Marie Claire Maison/ Christophe Dugied/Josée Postic; **59 gul** Christophe Dugied (E. van der Straten); **60 l** Apartment von Charles Chauliaguet und Françoise Dorget in Paris, Caravane; **60 r** Ein Haus in London (**D** Christophe Gollut); **62** Ein Haus in London (**D** Christophe Gollut); **62 ol** Haus von Sue Timney in London (**D** Timney-Fowler Ltd.); **62 or** The Interior Archive/James Mortimer; **62 gul** Ein Apartment in London (**D** Charles Rutherfoord); **62 gur** Arcaid/Jeremy Cocayne (**A** Yann Weymouth); **63** Apartment von Shelly Washington in New York (**D** Vicente Wolfe); **64** Apartment von John F. Saladino in New York; **65** Haus von Hilton McConnico in der Nähe von Paris; **66–67** Haus von Mr. & Mrs. Patrick Frey in Paris; **67** Dennis Krukowski; **68 o** Hause von Charles Rutherfoord in London; **68 gul** Haus von Mr. & Mrs. Patrick Frey in Paris; **68 gur** Haus von Linda Trahair in Bath; **69** Apartment von Kelly Hoppen in London; **70–71** Haus von Hilton McConnico in der Nähe von Paris; **72** Apartment von Shelly Washington in New York (**D** Vicente Wolfe); **73 l** Apartment von Amy und Richard Sachs in New York (**D** Vicente Wolfe); **73 m** Jean-Pierre Godeaut; **73 r A** Campion A. Platt; **74–75** Ein Apartment in New York (**A**

Campion A. Platt); **76 a** Ein Apartment in London (**D** Charles Rutherfoord); **76 u** Apartment von Charles Chauliaguet und Françoise Dorget in Paris, Caravane; **77** Apartment von Charles Chauliaguet und Françoise Dorget in Paris, Caravane; **78 l, ur** Apartment von Nigel Greenwood in London; **78 or** Elizabeth Whinting & Associates/Tim Street-Porter (**D** Annie Kelly); **79** Apartment von Nigel Greenwood in London; **80** Ein Haus in London (**D** François Gilles & Dominique Lubar, IPL Interiors); **81 o, ml** Apartment von Amy & Richard Sachs in New York (**D** Vicente Wolfe), **81 ul D** François Gilles & Dominique Lubar, IPL Interiors; **81 r** Undine Prohl/Jim Jennings; **82 l D** Charlotte Barnes; **82 om** Ein Apartment in London (**D** Stephanie Hoppen, Ausführung Doreen Scott); **82 or** Ein Apartment in New York (**D** Christine Cain von Jed Johnson & Associates und Sally Mc Sween Ward); **82 ur** Dominique Vorillon (**D** Denise Domergne); **83** Ein Apartment in New York (**D** Christine Cain von Jed Johnson & Associates und Sally Mc Sween Ward); **84 o, ul** Dominique Vorillon/ Goodman/Charlton Design; **84 ur** Apartment von Tomasz Starzewski in London; **85** Apartment von Tomasz Starzewski in London; **86** Haus von Andrew Parr in Melbourne; **87 ul, ur** Wohnung von Diane Atkinson und Patrick Hughes in London (**D** Michael Green von Green Homan, **V** von Timney-Fowler Ltd.); **87 ul, or** Interni Interior Design Consultancy; **88 o** Ein Apartment in London (**A** Campion A. Platt); **88 u** Haus von Sarah Elson in London; **88–89** Paul Ryan/International Interiors (**D** Bernardo Urquita); **89 o** David Phelps/First for Women Magazine; **89 ul** Interni Interior Design Consul-tancy; **89 r** Apartment von Amy & Richard Sachs in New York (**D** Vicente Wolfe); **90 l, or** Larcombe and Solomon; **90 m, ur** Ein Haus in London (**D** François Gilles & Dominique Lubar, IPL Interiors; **91** Ein Haus in London (**D** François Gilles & Dominique Lubar, IPL Interiors); **92** Ein Apartment in London (**D** Charles Rutherfoord); **93 ul** Haus von Vincent Dané in der Nähe von Biarritz; **93 or, u** Ein Apartment in London (**D** Stephanie Hoppen, Ausführung Doreen Scott); **94 ol, r** Ein Apartment in London (**D** Stephanie Hoppen, Ausführung Doreen Scott); **94 ul** Ein Apartment in New York (**D** Milly de Cabrol); **95** Ein Apartment in New York (**D** Jacqueline Coumans, Le Décor Français, mit der Hilfe von Olivier Gelbsmann; **96** Haus von Sue Timney in London (**D** Timney-Fowler Ltd.); **96–97** Ein Apartment in London (**D** François Gilles & Dominique Lubar, IPL Interiors; **97 ol** Haus von Mr. & Mrs. Patrick Frey in Paris; **97 or** Ein Apartment in London (**D** François Gilles & Dominique Lubar, IPL Interiors; **98 ol, u** Apartment von Sue & Andy A'Court in Blackheath, London; **98 or** Apartment von Christophe Gollut in London; **99** Apartment von Christophe Gollut in London; **100 r** Charlotte Barnes; **101 ol, r** Apartment von Tomasz Starzewski in London; **101 ul** David Phelps (**D** Pat Guthman, Southport Connecticut); **102 o** Dominique Vorillon (**D** Madeline Stuart); **102 u** Tim Street-Porter (**D** Brian Murphy); **102–103** Haus von Frédéric Méchiche in der Nähe von Toulon; **103 o** Ivan Terestchenko (**D** Agnes Comar); **103 u** Solvi Dos Santos; **104 ol** The Interior Archive/Tim Clinch; **104 ul** Paul Ryan/International Interiors (**D** Michael Trapp); **104 r** David Phelps; **105** Haus von Frédéric Méchiche in der Nähe von Toulon; **106 l** Apartment von Shelly Washington in New York (**D** Vicente Wolfe); **106 r** Ein Haus in London (**D** François Gilles & Dominique Lubar, IPL Interiors; **107 ol** Apartment von Amanda und Andrew Manning in Sydney (**D** Stephen Varady); **107 ul D** Interni Interior Design Consultancy; **107 r** Haus von Roger & Fay Oates in Herefordshire; **108 l** D Cath Kidston; **108 or** Arcaid/ Richard Bryant (A TSAO McKown); **108 m, ur** Apartment von Kelly Hoppen in London; **109 l** Haus von Sarah Elson in London; **109 r** Ein Apartment in London (**D** Charles Rutherfoord); **110 o** Elizabeth Whiting & Associates/ Jean-Paul Bonhommet; **110 u** Apartment von Amy & Richard Sachs in New York (**D** Vicente Wolfe); **110–111 l** Ein Haus in London (**D** François Gilles & Dominique Lubar, IPL Interiors); **112 a** Paul Ryan/International Interiors (**D** Ken Foreman); **112 m** Interni Interior Design Consultancy; **112 u** Elizabeth Whiting & Associates/Brian Harrison (**D** Katie Large); **113** Haus von Robyn & Simon Carnachan in Auckland; **114** Haus von Andrew Parr in Melbourne; **115 l** Interni Interior Design Consultancy; **115 r** Paul Ryan/International Interiors (D John F. Saladino); **116 ol** Ein Haus in London (**D** François Gilles & Dominique Lubar, IPL Interiors); **116 or, u** Haus von William Hayes & Annie Har in der Nähe von Brisbane; **117** Ein Haus in London (**D** François Gilles & Dominique Lubar, IPL Interiors); **118–119** Haus von Khai Liew und Sue Kellet in Adelaide; **120** Apartment von John F. Saladino in New York; **121 ol** Apartment von John F. Saladino in New York; **121 u** Apartment von Amy & Richard Sachs in New York (**D** Vicente Wolfe); **122** Apartment von Vicente Wolfe in New York; **123 ol** Apartment von Amy & Richard Sachs in New York (**D** Vicente Wolfe); **123 ul** Elizabeth Whiting & Associates/ Jean-Paul Bonhommet; **123 r** Haus von Robyn & Simon Carnachan in Auckland; **124** Ein Apartment in New York (**D** Jacqueline Coumans, Le Décor Français, mit der Hilfe von Olivier Gelbsmann; **124–125** Haus von Mr. & Mrs. Patrick Frey in Paris; **125 l** Interni Interior Design Consultancy; **125 r** Ein Apartment in London (**D** François Gilles & Dominique Lubar, IPL Interiors); **126 l** Haus von Robyn & Simon Carnachan in Auckland; **126 or** Haus von Jolie und Petrea Grant in Brisbane; **126 ur** Christian Sarraon/ Alan Franchet; **127 ol, r** Haus von Robyn & Simon Carnachan in Auckland; **127 ml, u** Ein Apartment in London (**D** François Gilles und & Dominique Lubar, IPL Interiors); **128 ol** Apartment von John Raab in London; **128 or, u** Haus von Sue Timney in London (**D** Timney-Fowler Ltd.); **129** Apartment von Charles Chauliaguet und Françoise Dorget in Paris, Caravane; **130 l, ur** Ein Apartment in London (**D** Ash Sakula Architects); **130 ar D** Interni Interior Design Consultancy; **131** Apartment von Vicente Wolfe in New York; **132 o** Ein Apartment in London (**D** François Gilles & Dominique Lubar, IPL Interiors); **132 ul** Elizabeth Whiting & Associates/Spike Powell (**D** James Merifield); **132 ur** Bellevue Homestead, Coominya, NT, Queensland Property; **132–133** Ein Apartment in London (**D** Francois Gilles & Dominique Lubar, IPL Interiors); **133** Ein Apartment in London (**D** Stephanie Hoppen, Ausführung Doreen Scott), **134 o** Sue & Andy A'Court; **134 u D** Kelly Hoppen; **134–135** Ein Apartment in New York (**D** Christine Cain von Jed Johnson & Associates und Sally McSween Ward); **136 o D** Kelly Hoppen; **136 m** David Phelps (**D** Max King); **136 u** Ein Raum in Stephanie Hoppens Apartment in London (**D** Kelly Hoppen und Doreen Scott); **137** Apartment von Charles Chauliaguet und Françoise Dorget in Paris, Caravane; **138 go, ur VD** Mary Bright; **138 ol** Abode/Ian Parry; **138 ml D** Vicente Wolfe; **138 or D** Stephanie Hoppen, Ausführung Doreen Scott; **138–139 D** Francois Gilles & Dominique Lubar, IPL Interiors; **139 ml, r** Haus von Mr. & Mrs. Patrick Frey in Paris; **139 ul D** John F. Saladino; **140 l** Christian Sarramon; **140 r D** Vicente Wolfe; **141 ol D** Vincent Dané; **141 or D** Vicente Wolfe; **141 ml D** Hilton McConnico; **141 gur** The Interior Archive/Simon Brown; **142 ol** Michael Garland (D Fabbyo); **142 or D** Cath Kidston; **142 ul** Paul Ryan/International Interiors/Frances Halliday; **142 ur D** Stephanie Hoppen, Ausführung Doreen Scott; **143 ol** Sarah Elson; **143 or** Sue and Andy A'Court; **143 ml** Yves Duronsoy; **143 ul** Marie Claire Maison/Nicolas Tosni/Julie Borgeaud; **143 gur D** Jacqueline Coumans, Le Décor Français, **144** Ein Hus in Toulon (**D** Frédéric Méchiche); **145 ol, ul D** Katrin Cargill; **145 r** Arcaid/ Richard Bryant (**D David Richmond** Byers III); **147** Apartment von Kelly Hoppen in London; **148** Haus von Sue Timney in London (**D** Timney-Fowler Ltd.); **149 l, or** Ein Haus in London (**D** François Gilles & Dominiques Lubar, IPL Interiors; **149 ur** Haus von Sue Timney in London (**D** Timney-Fowler Ltd.); **150 o** Ein Haus in London (**D** Christophe Gollut); **150 u** Apartment von Tomasz Starzewski in London; **150–151** Apartment von Christophe Gollut in London; **152 ol** The Interior Archive/Tim Clinch; **152 or D** Charlotte Barnes; **152 ul** Christian Sarramon; **152 ur D** Charles Rutherfoord; **153 D** Stephanie Hoppen, Ausführung Doreen Scott; **154 l** Guy Bouchet; **154 or** Sue und Andy A'Court; **154–155** The Interior Archive/James Mortimer; **155 o, u D** Kelly Hoppen; **155 m** Elizabeth Whiting & Associates/Jean-Paul Bonhommet; **156 l** Haus von Sue und Andy A'Court in Blackheath, London; **156 or** Jerome Darblay; **156 ur D** Milly de Cabrol; **157 u D** Jacqueline Coumans, Le Décor Français; **157 r** Haus von Alan & Hepzibah in Sussex; **158 ol** Dennis Krukowski (**D** Irvine & Fleming); **158 om D** Charlotte Barnes; **158 ml D** Tomasz Starzewski; **158 ro, m D** Christophe Gollut; **158 u** Bellevue Homestead, Comminya, NT Queensland Property; **159 ol D** Timney-Fowler Ltd; **159 or D** François Gilles & Dominique Lubar, IPL Interiors; **159 m D** Katrin Cargill; **159 mr D** Christophe Gollut; **159 ul, um D** François Gilles & Dominique Lubar, IPL Interiors; **159 ur D** Stephanie Hoppen, Durchführung Doreen Scott; **160 ol** Milly de Cabrol; **160 or** John F. Saladino; **160 ul** Hilton McConnico; **160 u r D** Campion A. Platt; **161 ol** Sarah Elson; **161 or D** Vicente Wolfe; **161 ul D** Stephanie Hoppen, Ausführung Doreen Scott; **161 ur** Apartment von François Dorget; **162** Apartment von Milly de Cabrol in New York.

Register

Dank

Dank der Autorin: Ein Buch über ein so umfangreiches Thema zu schreiben, ist eine große Herausforderung. Es halfen mir dabei viele, die mehr wissen über das Thema als ich. Ich danke vor allem Corleen Rathbone, die hervorragende Vorhänge herstellt und mich großzügig mit ihrem Wissen und ihrer Zeit beschenkte. Ich möchte auch allen Mitarbeitern beim Verlag Ryland, Peters & Small danken, besonders Caroline Davison, Ingunn Jensen und Nadine Bazar, die mich tatkräftig bei der Realisierung dieses Buches unterstützt haben.

Dank des Verlages: Der Verlag dankt allen Architekten, Designern und Hausbesitzern für die Erlaubnis, Fotografien anzufertigen und in diesem Buch zu veröffentlichen.